Guía para principiantes

para cultivar árboles frutales de forma rápida y sencilla

Guía para principiantes
para cultivar árboles frutales de forma rápida y sencilla

Técnicas sostenibles y eficaces para obtener árboles más sanos y una cosecha abundante, reduciendo el esfuerzo y el tiempo de planificación, con prácticas de poda y mantenimiento.

Escrito por Sophie McKay

www.SophieMcKay.com
www.SmartMindPublishing.com

Copyright © 2024 Sophie McKay

Publicado en los Estados Unidos de Amércia, 2024

Aviso legal: Este libro está protegido por derechos de autor. Este libro es sólo para uso personal. Todos los derechos reservados. Queda prohibida la reproducción total o parcial de este libro, su almacenamiento en un sistema de recuperación de datos o su transmisión de cualquier forma o por cualquier medio -electrónico, mecánico, fotocopiado, grabación o cualquier otro-, a excepción de breves citas en una reseña literaria, sin el permiso previo por escrito del autor o del editor. Para más información, ponte en contacto con www.sophiemckay.com

Primera edición, 2024

ISBN 978-1-916662-32-2 (tapa blanda)
ISBN 978-1-916662-33-9 (ebook)
ISBN 978-1-916662-34-6 (tapa dura)

Tienda de la autora: www.smartmindpublishing.com
Email: Sophie@sophiemckay.com
Página de la autora: https://www.facebook.com/Sophie.McKay.Author
Facebook: www.facebook.com/groups/garden.to.table.tribe
Página web: www.SophieMcKay.com

Tabla de contenido

Tabla de contenido 5

INTRODUCCIÓN 11

CAPÍTULO 1 15

Comenzando con la jardinería de árboles frutales 15

    Árboles frutales: Una inversión inteligente 16

    Primero lo primero: lo básico 17

    Decidir qué cultivar 20

    Comprender las necesidades de riego de tu huerto 20

    Drenaje: la clave para un huerto exitoso 21

    Cuidado general del huerto 22

    Encontrar los mejores árboles para tu jardín 23

    Todo gira en torno al sol 23

    Leer la tierra: Clima y topografía 26

    Conoce tu zona 27

    Horas frías 28

    Demasiadas opciones: Selección de variedades de árboles frutales 29

    Herramientas, equipos y recursos 34

    Consejos de mantenimiento 35

    Lo aprendido 36

CAPÍTULO 2 37

Construir el proyecto de tu huerto 37

    Diseñar un jardín eficiente y productivo 38

    Disposición del huerto y principios de diseño 38

    El Plan: La fórmula mágica 39

    Maximizar la penetración de la luz solar 41

El suelo: tu hoja de ruta hacia el éxito 42

Lo aprendido 44

CAPÍTULO 3 46

Plantación y establecimiento de árboles frutales 46

Selección de portainjertos y patrones de árboles frutales sanos 46

Encontrar un árbol sano 47

Elije: en cepellón, en contenedor o a raíz desnuda 52

El momento oportuno lo es todo: responder al cuándo, dónde y cómo 54

Entutorado: Protege tus árboles jóvenes 57

Estrategias de riego 61

Riego del huerto: ¿Cuál es el mejor método para ti? ... 63

Nutrición de los árboles frutales 68

Guía paso a paso para fertilizar los árboles frutales 73

Compostaje 73

Mulching (acolchado o mantillo) 74

Lo aprendido 75

CAPÍTULO 4 76

El arte de dar forma a los árboles 76

Formación Vs. Poda 76

Directrices generales para la formación 78

Directrices generales para la poda 79

Glosario de poda 80

Corte de Aclareo 82

Corte de despunte 83

Poda de centro abierto Vs. líder central 85

Guía de poda paso a paso 86

Formación de los árboles 88
Formación de centro abierto 89
Formación de Líder central 90
Formación en espaldera 91
Palmeta 92
Dar vida a los árboles viejos 93
Lo aprendido 95

CAPÍTULO 5 96
Gestión ecológica de plagas y enfermedades 96
Afrontar los problemas 97
Plaguicidas inorgánicos y orgánicos 100
Conoce al enemigo: plagas y enfermedades comunes 104
¿Cuándo se debe pulverizar? 109
Protege tu huerto de huéspedes indeseados 114
Cerco casero 115
Lo aprendido 116

CAPÍTULO 6 118
Aumenta la productividad de tu jardín 118
Permacultura 118
Plantación en compañía 119
La solución del trébol 120
Asociaciones 122
Asociaciones de árboles frutales: Un plan 125
La cosecha durante todo el año 128
Maximiza tu espacio: Cultiva en contenedores 132
Injertos 135
Guía para injertar frutales 136

Técnicas de injerto 137
　　Lo aprendido 141
CAPÍTULO 7 142
Atrae a las abejas al patio 142
　　Polinización 143
　　Quién es quién entre los polinizadores 146
　　Alimentar a los polinizadores en los huertos 149
　　Consejos para crear un entorno favorable para los polinizadores 151
　　Polinización manual 153
　　Lo aprendido 154
CAPÍTULO 8 155
Gestión de la cosecha y cuidados de invierno 155
　　Raleo de árboles de copa alta 155
　　¡La cosecha! 158
　　Almacena tu cosecha 161
　　Crea tu propia estantería para manzanas 163
　　Cuidados de invierno 166
　　Lo aprendido 167
CONCLUSIÓN 168
La aventura nunca termina 168
Gracias por tu lectura 170
¡Por favor, deja tu opinión! 170
Bibliografía 172

¿Listos para más inspiración?

Explora los libros de Sophie para mantener tu jardín floreciente durante todo el año. Crea tu propio jardín sostenible de permacultura o profundiza en la jardinería en macetas con métodos comprobados de bricolaje para el compostaje, la siembra asociada, la recolección de semillas, la gestión del agua y el control de plagas. Aprende a cultivar tus propios alimentos en armonía con la naturaleza. ¡El éxito está garantizado!

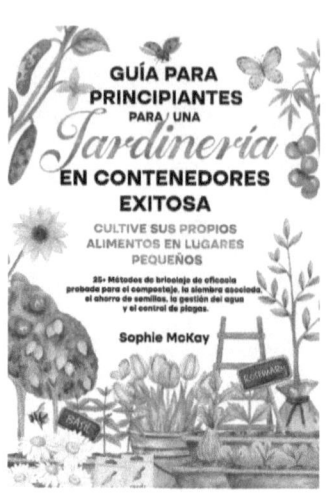

Mejora tu jardinería con los planificadores de jardines de Sophie:

Escanea este código QR con tu teléfono o utiliza el enlace para acceder directamente a la página del libro en Amazon,

O

visita la librería de la autora en www.smartmindpublishing.com

INTRODUCCIÓN

¡Es temporada de cosecha! Es hora de ponerme el sombrero, tomar unas tijeras afiladas, deslizar una cesta sobre mi brazo y salir al jardín. Muchas frutas y verduras están listas para ser cosechadas y llevadas al interior. Más tarde, estarán en mi mesa en forma de berenjenas a la parmesana, pimientos rellenos y una sabrosa tarta de manzana casera.

Los niños desentierran las patatas, riendo mientras empujan sus pequeñas palas en la tierra y gritando de alegría cuando encuentran una patata gorda en el suelo. Más tarde, en el pequeño huerto que hay detrás de casa, recogerán moras del zarzal sonriendo triunfantes mientras las levantan. En la cocina, observan maravillados cómo lavo y pelo sus atesorados frutos, convirtiéndolos en sus comidas favoritas.

De postre, las cerezas, los duraznos y las ciruelas están listos para la macedonia. Cuando vuelvo a casa, tengo la piel enrojecida y sudorosa. Extiendo mi cosecha sobre la encimera de la cocina y admiro las verduras y frutas de colores intensos que he recogido en mi propio jardín.

Hace diez años, empecé a dar mis primeros pasos hacia una vida sostenible. Los recuerdos de mi infancia en la granja de mis abuelos sirvieron de estímulo para este cambio. Me impulsaba el deseo de volver a la vida sencilla y abandonar la competitividad de la vida moderna, lo que sólo podía ser posible garantizando la seguridad alimentaria de mi familia. Tener mi propio huerto me ayudó a lograr la independencia alimentaria y llenó mi vida de una alegría inconmensurable. Ya no tenía que preocuparme de comprar alimentos, y por fin podía relajarme sabiendo que podía preparar una deliciosa comida para mi familia en cualquier momento con las frutas y verduras que yo misma había cultivado.

Mi primera incursión en la jardinería empezó con mal pie. Las lechugas y los tomates marchitos y los pepinos arrugados casi me hacen desistir. En retrospectiva, me alegro mucho de no haber dejado que esos primeros contratiempos me desanimaran. Con perseverancia y las técnicas adecuadas, finalmente logré crear un huerto floreciente. Cuando las verduras frescas de mi huerto empezaron a llegar a mi cocina, me di cuenta de que mis hijos no compartían mi alegría. Ellos disfrutaban mucho más de las frutas que de las saludables verduras, así que me embarqué en mi siguiente aventura: crear mi propio huerto de árboles frutales. Sin embargo, no fue una decisión que tomé de la noche a la mañana.

Tenía muchas dudas y temores. Aunque había dominado el arte de cultivar hortalizas, sabía que los frutales serían un juego totalmente distinto. Me aterrorizaba la idea de cometer errores costosos, me confundían las técnicas de poda y me asustaba tener que lidiar con plagas y enfermedades. El cuidado de los árboles frutales me parecía una actividad que requería mucho tiempo y no estaba segura de poder llevarla a cabo.

Tras los primeros años cultivando frutales, la mayoría de mis miedos y preocupaciones desaparecieron y enseguida me di cuenta de que había sido la mejor decisión que había tomado. Su densa copa ayudaba a proteger del sol abrasador a mis plantas amantes de la sombra, mientras que su gruesa corteza protegía de los fuertes vientos a las frágiles variedades de plantas. Sus flores atraían a enjambres de polinizadores, lo que aumentaba la producción general de mi huerto. Pronto mi despensa se llenó de chutneys, mermeladas, conservas y frutos secos para que mi familia pudiera disfrutar de sus comidas favoritas en cualquier estación del año.

Luego del éxito de mis dos primeros libros, "Proyecto de permacultura práctica" y "Guía para principiantes de jardinería exitosa en contenedores" estaba pensando en ideas para mi próximo proyecto cuando miré por la ventana las hileras de manzanos, cerezos, higueras y duraznos que crecían en mi jardín, con las ramas caídas por el peso de los frutos. La lucha inicial que tuve que atravesar al plantarlos me hizo sonreír al reflexionar sobre lo lejos que había llegado.

Como alguien que cree firmemente en la vida sostenible y autosuficiente, quiero que disfrutes de la experiencia de pasear por tu huerto y arrancar una corpulenta mandarina o un durazno maduro. Sé lo confuso que puede resultar elegir qué árboles cultivar. Sé que la poda puede parecer una tarea abrumadora y que trabajar en un espacio reducido puede ser todo un reto. En este libro he dado soluciones a todos estos problemas y a muchos más, para que puedas hacer realidad tu sueño.

En esta guía he reunido toda la información que necesitas para empezar a cultivar tu huerto en un formato fácil de usar, para que tengas acceso a las técnicas y la información más recientes. El libro está dividido en nueve capítulos que abordan un aspecto específico de la jardinería de árboles frutales. Aprenderás los secretos para seleccionar los árboles frutales adecuados a tus necesidades específicas, crear el microclima perfecto y maximizar el rendimiento para aprovechar al máximo tu espacio limitado.

Empezaremos nuestro viaje comprendiendo los conceptos básicos en el capítulo 1 antes de pasar al diseño y la distribución del jardín en el capítulo 2. En el capítulo 3 aprenderemos a encontrar árboles frutales sanos y a conocer sus requisitos de cuidado. El capítulo 4 trata de la gestión de plagas y enfermedades mediante métodos ecológicos, mientras que el capítulo 5 aborda las técnicas de poda. El capítulo 6 enumera los árboles frutales más adecuados para los huertos familiares, mientras que el capítulo 7 detalla las técnicas avanzadas para garantizar la cosecha durante todo el año. El capítulo 8 incluye temas importantes como los métodos para aumentar la producción, la gestión de la carga de fruta, la conservación y los cuidados de otoño/invierno. Por último, en el capítulo 9 se abordan los cuidados continuos de nuestros huertos y cómo podemos evitar los problemas.

Basándome en mis años de experiencia como jardinera apasionada, he elaborado cuidadosamente esta guía para capacitar a las personas ocupadas que no pueden cumplir sus sueños de jardinería. He recopilado un montón de técnicas inteligentes para reducir el tiempo necesario para el cuidado de los árboles frutales, garantizando al mismo tiempo la máxima productividad.

Así que, si alguna vez has soñado con comer frutas cultivadas en casa, pero no estabas seguro de invertir tu tiempo y energía en la construcción de un huerto en tu jardín, es hora de dejar a un lado tus miedos y unirte a mí en el viaje hacia la autosuficiencia. La porción de tierra que hay fuera de tu casa está llena de posibilidades. Este libro te proporcionará las herramientas que necesitas para descubrir su potencial oculto.

Imagina mirar por la ventana y ver tus propios duraznos madurados al sol, manzanas rojas brillantes y ciruelas colgando de las ramas de los árboles. Imagina que sales a pasear por el jardín con los pies descalzos, sintiendo la tierra blanda bajo tus pies, recoges una manzana roja de una rama y la haces crujir al morderla. ¡Todo esto puede ser una realidad!

Así que prepárate para llevar el paraíso a tu casa.

CAPÍTULO 1

Comenzando con la jardinería de árboles frutales

Comenzando con la jardinería de árboles frutales

Me encanta ver los árboles de mi huerto en plena floración. Durante la primavera, mi huerto se inunda de color. Los delicados pétalos caen unas semanas después, alfombrando el suelo. Unas semanas más tarde, el centro de las flores crece, cambia de color y se transformándose en duraznos, manzanas, peras y otras frutas gloriosas. Presenciar todo el proceso es mágico. Incluso después de todos estos años, cuando aparecen los primeros brotes me siento maravillada como una niña.

Diez años después de embarcarme en mi viaje hacia la autosuficiencia, casi todo lo que hay en mi refrigerador es de cosecha propia y está hecho en casa. No tardé mucho en darme cuenta de que los alimentos cultivados en casa tienen un sabor y una calidad muy superiores a los del supermercado. Una vez que has probado los suculentos duraznos, las crujientes y jugosas manzanas y las dulces y ácidas ciruelas de tu jardín, no querrás volver atrás.

Los placeres de la jardinería de árboles frutales no se limitan a ser un deleite para el paladar. Veamos algunas ventajas del cultivo de frutales y las muchas formas en que pueden elevar el jardín de tu hogar.

Árboles frutales: Una inversión inteligente

Tener un huerto en casa te da la libertad de cultivar tus frutas favoritas. Incluso algo tan común como la manzana tiene miles de variedades entre las que elegir. Los ciruelos, los nísperos, las moras y las bayas de vino japonesas son algunas de las frutas poco comunes que me gusta cultivar en mi jardín. Estas frutas casi nunca están disponibles en mi supermercado. Con la planificación adecuada, puedes tener algo nuevo cada mes.

Al principio, el cultivo de frutas puede parecer más costoso que el de hortalizas; sin embargo, verás enormes beneficios de tu pequeña inversión. Las cosechas anuales te ayudarán a ahorrar dinero cuando suban los precios del mercado. Los árboles te acompañarán durante generaciones. A diferencia de las hortalizas, no tienes que plantar semillas cada primavera y esperar a que crezcan. Como la mayoría de las frutas son perennes (vuelven a crecer cada primavera, a diferencia de las plantas anuales, que crecen durante una temporada y se mueren), requieren cuidados mínimos y son más capaces de desarrollarse bien sin fertilizantes.

Los productos orgánicos frescos suelen ser más caros en el supermercado, lo que convierte la alimentación sana en una quimera para algunos. Al cultivar tus propios productos, puedes dar prioridad a tu salud sin sacrificar tu bolsillo. Con un árbol frutal brotando de tu jardín, puedes disfrutar de un abundante suministro de deliciosas frutas sin un precio elevado. Y si al final tienes más fruta de la que puedes comer, siempre puedes convertirla en mermeladas, salsas y chutneys. La fruta va directamente del árbol a tu cocina, sin una capa de cera ni otros conservantes. Además, puedes optar por un control natural de plagas en lugar de pesticidas químicos, eliminando así sustancias químicas innecesarias de tu suministro de alimentos.

Además de los beneficios para la salud, un huerto en el jardín puede aumentar el valor de tu propiedad. Los árboles frutales son relativamente fáciles de cuidar, aumentan el atractivo estético de la casa e incluso pueden reducir los costos energéticos al mantener la casa fresca durante el verano. Y si te interesa la observación de aves, ¡estás de suerte! Su llamativa floración y sus aromáticos frutos atraerán a diversas especies de aves. Incluso puedes instalar un comedero y una bañera para pájaros, haciendo que estas hermosas criaturas aladas se queden más tiempo.

Por mucho que adore mi huerto de vegetales, no me evoca la misma felicidad que mis árboles frutales. Por ejemplo, mi manzano tiene la misma edad que mi hijo. Saber que lo planté unos meses antes de que naciera mi hijo me hace apreciarlo aún más. Cuando veo a mi pequeño jugar bajo su sombra, mi corazón se llena de alegría. Pronto trepará por sus ramas y recogerá frutos él solo. Al crecer junto a ti y tus seres queridos, los árboles frutales ocuparán un lugar especial en tu vida, profundizando tu conexión con la naturaleza.

Primero lo primero: lo básico

Resulta tentador lanzarse de cabeza a la jardinería de árboles frutales después de conocer sus numerosas ventajas. Sin embargo, construir un huerto en el jardín es un compromiso a largo plazo, así que lo mejor es analizar el espacio disponible en tu propiedad y planificar una distribución aproximada. Antes de subirte al auto y dirigirte al centro de jardinería para comprar algunos árboles frutales, aquí tienes algunas cosas que debes tener en cuenta.

Encontrar el espacio adecuado

El éxito de tu huerto casero depende en gran medida de que proporciones a tus árboles unas condiciones óptimas. Plantar tu frutal en el espacio adecuado te pondrá en la senda del éxito. Aquí tienes algunos puntos que debes tener en cuenta para encontrar el lugar perfecto para tus frutales:

1. Luz solar

Los frutales de hoja caduca (árboles que se deshojan anualmente, como manzanos, higueras, cerezos, albaricoqueros, perales, ciruelos, etc.) necesitan entre seis y ocho horas de luz solar directa. Y aunque pueden tolerar un poco menos de sol cuando se cultivan plantas tropicales y subtropicales como aguacates y cítricos, es posible que al final se obtengan frutos más pequeños y en menor cantidad. Así que encontrar un buen lugar soleado es el primer requisito para plantar frutales.

También es importante tener en cuenta que, cuando el árbol alcance su tamaño máximo, no bloquee la luz solar a tus otras plantas. Por ejemplo, si tienes un huerto en el extremo norte del jardín, plantar un duraznero en el sur puede impedir que la luz del sol llegue a los tomates, las berenjenas, los pimientos y los pepinos cuando crezca del todo.

2. Espacio

Es importante prever las necesidades de espacio de los árboles maduros antes de plantarlos. Por lo general, las variedades más grandes requieren una separación de entre 3 y 6 m, mientras que las variedades enanas o semienanas pueden requerir tan sólo 1,8 m. Puedes encontrar el tamaño potencial del árbol en la etiqueta cuando lo compres y plantarlo considerando sus medidas.

La poda también influye mucho en el tamaño final del árbol. En mi jardín tengo doce árboles separados 1,8 m entre sí. Los podo de vez en cuando, asegurándome de que no superen los 2,5 m de altura.

3. Suelo

Un suelo bien drenado y fértil es crucial para el cultivo de frutales. Hablaremos en detalle de los requisitos del suelo en el capítulo 2; de momento, aquí tienes una pequeña prueba para determinar si el suelo de tu jardín tiene o no un buen drenaje. Cava un pequeño agujero y llénalo de agua. Si sigue habiendo agua en el agujero al cabo de una hora, es que la tierra no drena bien. Una mezcla 50/50 de compost y tierra vegetal arcillosa consiguió mejorar las propiedades de drenaje del suelo arcilloso de mi jardín.

También puedes analizar el suelo de tu jardín enviándolo a laboratorios de análisis de suelos o utilizando un kit de análisis de suelos como el de Redmond's Soil. Algunos laboratorios de EE.UU. que aceptan muestras de suelo por correo son el laboratorio de análisis de suelos de la Universidad Estatal de Colorado, Crop Services International, e International Ag Labs. Yo hice una prueba Redmond's Soil para mi huerto y descubrí que el suelo arcilloso de mi patio trasero tenía un alto contenido de nitrato en nitrógeno, lo que puede provocar plantas tupidas, frutos pequeños y raíces atrofiadas. Un análisis del suelo también puede revelar el pH, el nivel de sales, la materia orgánica y la concentración de nutrientes.

Aquí tienes un breve cuestionario que te ayudará a encontrar la mejor ubicación para tus árboles. Observa atentamente tu jardín y hazte las siguientes preguntas. Anota las respuestas en una hoja y consúltala cuando elijas los árboles o los plantes en tu jardín.

Observa y pregúntate
El sol • ¿Cuántas horas de luz solar recibe tu ubicación: pleno sol (más de 6 horas), sol parcial (3-6 horas) o plena sombra (<3 horas) • Recuerda que la mayoría de los frutales requieren seis o más horas de luz directa. • Algunas variedades como la papaya, la baya de Saskatoon, la cereza de Cornelia y el avellano pueden sobrevivir en sombra parcial.
El suelo • ¿Qué tipo de suelo tiene tu zona? • ¿Drena bien? • ¿Contiene vida saludable en el suelo, como lombrices de tierra? • ¿Contiene un nivel adecuado de materia orgánica? • ¿Es rico en nutrientes y minerales?
El viento • ¿Tu zona recibe mucho viento fuerte? • ¿Recibe vientos frescos durante el invierno?
El agua • ¿Cuánto llueve en tu localidad?

Decidir qué cultivar

La selección de árboles puede parecer una tarea sencilla, pero requiere bastante planificación. Puede dividirse en tres sencillos pasos, empezando por hacer una lista de todos los árboles frutales que deseas cultivar en tu jardín. En este punto, no hay que preocuparse de si los árboles crecerán en tu zona o no. Basta con que escribas los nombres de las frutas que te gustan a ti y a tu familia.

Una vez preparada la lista de árboles frutales que quieres tener en tu huerto casero, es hora de entrar en Internet y buscar tu zona de jardinería. El mapa de zonas de resistencia o "rusticidad" del USDA ayuda a los jardineros a determinar las plantas más adecuadas para su clima. Conocer tu zona de resistencia, o rusticidad, te dará una idea de qué árboles frutales debes comprar. También puedes hablar con jardineros locales para determinar las variedades que crecerán mejor, o consultar con viveros locales.

Comprender las necesidades de riego de tu huerto

¿Tienes agua estancada en tu jardín durante largos periodos de tiempo? ¿Tu zona es propensa a lluvias torrenciales? Los árboles y arbustos frutales formarán parte de tu paisaje durante mucho tiempo, por lo que es importante pensar en las condiciones meteorológicas a lo largo del año y tomar las medidas necesarias. Por ejemplo, si las lluvias torrenciales dejan agua estancada en tu propiedad durante días, construir un jardín de lluvia cerca de tu huerto puede ayudarte a evitar el riego excesivo. Un jardín de lluvia es simplemente una depresión en el suelo que recoge y filtra el agua de lluvia. Permite que el agua se filtre lentamente en el suelo (Winger, 2022).

Factores como el tipo de suelo, el clima, los patrones de lluvias local y las necesidades de riego de tu árbol pueden ayudarte a calcular la cantidad de agua que necesitarás. Una vez determinado lo anterior, puedes elegir un método de riego que proporcione el nivel correcto de humedad a tus plantas y evite el riego en exceso o la falta de agua. Seguir un programa de riego también puede minimizar el riesgo de problemas asociados a un riego inadecuado. En el Capítulo 3 analizaremos con más detalle las estrategias de riego, para que puedas diseñar un sistema de riego que se adapte a las necesidades específicas de tu huerto.

Drenaje: la clave para un huerto exitoso

Un suelo bien drenado permite que el agua penetre en la tierra y proporcione a las plantas la cantidad justa de humedad. Las zonas bajas cercanas a las zanjas, arroyos y estanques pueden ser propensas a encharcarse. Además, los métodos de construcción más modernos tienden a degradar el subsuelo (la tierra que yace bajo la superficie o capa superior del suelo), lo que provoca un drenaje deficiente. Por eso, incluso los jardines que no están situados en zonas bajas pueden sufrir problemas de encharcamiento.

Por lo general, el suelo margoso o margoso limoso se considera el mejor suelo para huertos debido a sus excelentes propiedades de drenaje y retención de la humedad. Los suelos arcillosos suelen tener las peores propiedades de drenaje y pueden provocar enfermedades radiculares. Por su parte, los suelos arenosos tienen escasas propiedades de retención de agua, por lo que requieren riegos más frecuentes, lo que puede provocar la pérdida de nutrientes.

Algunas zonas pueden tener una capa de caliche que debe ser penetrada para permitir un drenaje adecuado. El caliche es una capa de tierra de color blanco o gris, endurecida por la acumulación de carbonatos de calcio y magnesio. Dependiendo de su composición, la capa puede ser dura o fácil de romper. Por lo general, el caliche blando no dificulta el crecimiento y desarrollo de las raíces, aunque puede interrumpir la absorción de nutrientes. Las capas de caliche duras y gruesas afectan al crecimiento de las plantas al impedir que las raíces penetren profundamente en el suelo.

Una prueba sencilla para verificar la presencia de una capa de caliche en tu terreno consiste en cavar un agujero de 30 cm de profundidad y llenarlo de agua. Si el agua drena en cuatro horas, el suelo de tu jardín tiene un drenaje adecuado. Si el agua tarda más de cuatro horas en drenar, utiliza un martillo hidráulico para romper la capa de caliche.

Cuidado general del huerto

Un árbol frutal bien cuidado recompensa a su propietario con una cosecha abundante. Aunque el poderoso manzano de tu jardín no requiere cuidados las 24 horas del día, algunas prácticas esenciales pueden ayudarte a conseguir una cosecha magnífica a largo plazo.

- **Mantillo o "Mulch":** Añadir una capa de mantillo extendida alrededor de la base de los árboles puede ayudar a retener la humedad, inhibir el crecimiento de malas hierbas y regular la temperatura del suelo. Sin embargo, evita colocar el mantillo directamente contra el tronco para prevenir el riesgo de pudrición de las raíces.

- **Poda:** La eliminación de ramas muertas o enfermas mejora la circulación del aire y la penetración de la luz, mejorando la salud general de los frutales.

- **Fertilización:** La aplicación de fertilizantes proporciona la nutrición necesaria a tus árboles frutales, garantizando frutos más grandes y un excedente de cosecha. Conocer las necesidades específicas de nutrientes de tus árboles puede ayudarte a elegir el fertilizante adecuado, aunque, en mi opinión, los abonos orgánicos o el compost son las mejores opciones disponibles para los jardineros caseros.

- **Control de plagas y enfermedades:** Controlar los árboles en busca de plagas o enfermedades puede ayudarte a atajar el problema de raíz y evitar daños graves. Utilizando métodos de control biológico y pesticidas orgánicos, puedes ayudar a tus plantas a recuperarse y prevenir futuros problemas.

- **Recolección:** Recoger la fruta de los árboles en el momento adecuado es crucial para conservar el mejor sabor y textura.

Atar bolsas de malla sobre la fruta antes de que esté lo bastante madura para cosecharla puede evitar que pájaros y animales la mordisqueen.

Ahora que hemos repasado brevemente lo que se necesita para montar un huerto de patio trasero, saquemos nuestras lupas y examinemos con más detalle algunos de los puntos más importantes.

Encontrar los mejores árboles para tu jardín

Es hora de resolver el rompecabezas de los árboles frutales y determinar de una vez por todas qué árboles deben ir en tu huerto. Como hemos comentado antes, las pistas están en tu jardín, pero puede que te cueste descifrarlas. Esto es lo que tienes que hacer para llegar al fondo de este misterio:

Descifra el código: evalúa tu terreno

La clave de un buen huerto casero reside en la observación aguda y la planificación minuciosa. Si conoces las restricciones de espacio, los patrones de luz solar y la composición del suelo de tu zona, habrás empezado con buen pie. Veamos cada uno de los componentes y lo que hay que tener en cuenta.

Todo gira en torno al sol

rLas distintas zonas de tu jardín reciben diferentes cantidades de luz solar. Antes de empezar a plantar, estudia la cantidad de sol que recibe a lo largo del día la zona que has elegido para tu huerto. ¿Está a la sombra? ¿Recibe sol por la mañana o por la tarde? ¿Está soleada las 24 horas del día? ¿Hay árboles grandes o edificios en los alrededores que proyecten sombras sobre el lugar que has elegido? Y, por último, ¿cuáles son las necesidades de luz solar de tus árboles?

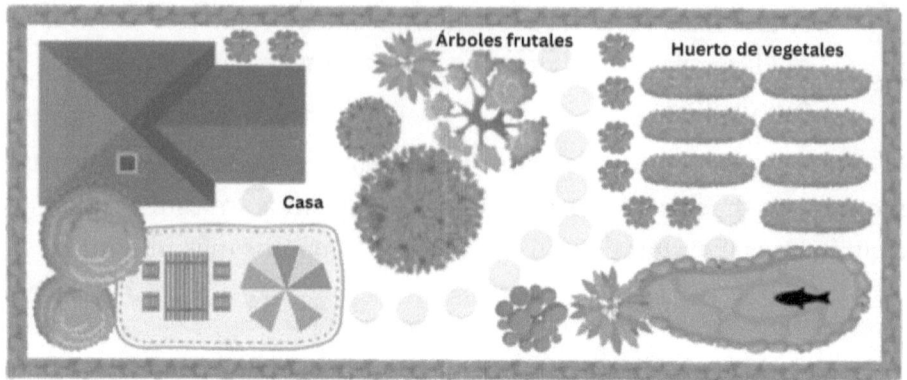

Figura 1: Disposición típica de un huerto familiar

Puedes encontrar fácilmente en Internet los requisitos de sol de los árboles que piensas cultivar, o consultar sus etiquetas en el centro de jardinería. Los árboles frutales necesitan mucho sol, mientras que algunas variedades pueden vivir en sombra parcial; sin embargo, una regla general que hay que recordar al montar un huerto casero es que más sol equivale a más fruta. Aquí tienes algunos términos con los que debes familiarizarte para encontrar el lugar perfecto para tus frutales.

Existen tres grupos de plantas:

- **Pleno sol:** Estas plantas necesitan seis horas de luz solar directa al día para crecer de forma óptima. La mayoría de los árboles y arbustos frutales entran en esta categoría. Estas plantas no pueden sobrevivir en zonas sombrías.

- **Pleno sol a sol parcial:** Las plantas de este grupo prefieren pleno sol, pero pueden tolerar algo de sombra y luz solar parcial. Se requiere un mínimo de cuatro a cinco horas de luz solar directa junto con sombra moteada para que el árbol sobreviva; sin embargo, es posible que no produzca tantos frutos como lo haría en un lugar soleado.

- **Sombra parcial/ Tolerante a la sombra:** Estas plantas se desarrollan bien con menos luz solar, ya que sólo necesitan cuatro horas o menos de sol directo para crecer sanas. Incluyen un pequeño número de plantas frutales, así como la mayoría de las de hoja verde.

Colocar árboles amantes del sol en una zona sombreada durante largos periodos de tiempo puede tener un efecto desastroso. Los signos reveladores de que un árbol no va demasiado bien debido a la falta de luz solar son la escasa producción de fruta, el crecimiento espigado, el amarilleamiento de las hojas y la disminución del número de flores. La falta de luz solar dificulta la fotosíntesis, lo que reduce la producción y la calidad de la fruta. Estos árboles son incapaces de defenderse de las plagas y sucumben invariablemente a una serie de enfermedades. Aquí tienes una sencilla tabla para que te hagas una idea de las horas de sol que necesitan las distintas plantas frutales:

Cuadro 1: Necesidades de luz solar de las distintas frutas

8 Horas	6 Horas	4 Horas
Manzanas Peras Cerezas Higos Bananas	Naranjas, limones Kumquats Pomelos Mandarinas Kiwis Uvas Duraznos Nectarinas Ciruelas Damascos	Bayas Grosellas

Observar tu jardín o incluso tu patio o balcón es fundamental para planificar y seleccionar un buen lugar de cultivo. Puedes descubrir los emplazamientos óptimos para los árboles y otros elementos del jardín pasando tiempo en tu espacio exterior y observando los patrones de sol, sombra y viento. Por ejemplo, si ves que una región de tu jardín recibe plena luz durante la mayor parte del día, puedes planear plantar allí árboles frutales o arbustos amantes del sol. Si, por el contrario, observas que cierto rincón de tu jardín está siempre a la sombra, puedes elegir variantes tolerantes a la sombra que crezcan en ese entorno.

Utilizar estos diseños le ayudará a aprovechar al máximo la superficie disponible y a crear un jardín hermoso y sano, independientemente de lo grande o pequeño que sea.

Gráfico 2: Ejemplo de evaluación de una zona ajardinada

Zona	Tiempo			
	9 AM	11 AM	2 PM	6 PM
Muro oeste	Sombra	Sol parcial	Mucho calor – pleno sol	Pleno sol
Jardín de vegetales	Sol parcial	Sol	Sol	Sol
Área de manzanos	Sombra	Sombra	Sol parcial	Sombra
Valla sur	Sol	Sol	Sol parcial	Sombra
Chimenea	Sombra	Sombra	Soleado – frecuentemente ventoso	Soleado – frecuentemente ventoso

Leer la tierra: Clima y topografía

En general, los cítricos necesitan mucho calor en verano y prefieren las zonas sin heladas. Los damascos crecen mejor en climas moderados, mientras que la mayoría de las bayas, como la frambuesa, el arándano, la zarzamora y la fresa, prosperan en zonas costeras frescas. Si tu región está expuesta a fuertes vientos, es importante que protejas tu huerto instalando barreras contra el viento, como vallas resistentes.

Analizar la topografía de su paisaje puede darte una buena idea de las condiciones con las que tendrás que trabajar. Por ejemplo, cuanto más alto esté el terreno sobre el nivel del mar, más expuesto estará a las fluctuaciones meteorológicas y a las temperaturas frescas. Los desniveles y hondonadas en el paisaje cercano a tu ubicación también pueden influir en el microclima de tu jardín al acumular aire frío. Durante los inviernos, el aire frío se hunde en el suelo, fluye cuesta abajo y se acumula en los puntos bajos, formando bolsas de escarcha.

Figura 2: Formación de bolsas de escarcha en hondonadas y huecos.

La formación de bolsas de escarcha en tu jardín puede provocar heladas tardías en primavera y heladas tempranas en invierno, acortando el periodo vegetativo entre la primera y la última helada. El aire frío suele acumularse detrás de vallas o setos en terrenos en pendiente. Crear algunos huecos en estas barreras puede drenar el aire, minimizando las bolsas de escarcha.

En el hemisferio norte, las zonas orientadas al sur absorben más luz y calor que las orientadas al norte. Las vallas y muros reflejan el calor, lo que puedes hacer que los árboles de las regiones orientadas al sur se calienten más rápidamente. Esto puede evitar las heladas y favorecer la maduración de la fruta. Los huertos orientados al norte, reciben más sombra, pero las temperaturas se mantienen constantes a lo largo del día. Los jardines orientados al este, reciben más sol por la mañana, mientras que los orientados al oeste, disfrutan de más luz solar por la tarde y por la noche.

Conoce tu zona

Los aficionados a la jardinería suelen emplear el término "rusticidad" a la hora de elegir las plantas adecuadas para una zona determinada. La rusticidad se refiere a la tolerancia al frío de una planta, mientras que las zonas de rusticidad describen el clima de una zona basándose en la temperatura invernal más baja registrada allí (las zonas urbanas suelen ser más cálidas que el campo, así que tenlo en cuenta). El mapa de zonas de rusticidad de plantas del USDA de 2012 es la biblia de jardineros y cultivadores para encontrar plantas que prosperen en su ubicación. Estados Unidos y Europa se dividen en 13 zonas climáticas según el Mapa de Zonas de Rusticidad de las Plantas del Departamento de Agricultura de los Estados Unidos. La zona 1 es la más fría e incluye regiones como Alaska, donde el mercurio desciende hasta -50°F (-45°C), mientras que las temperaturas de la zona 13 apenas bajan de 65°F (18°C). La zona 13 incluye áreas cálidas como Hawái y Florida. Un truco sencillo para que los jardineros novatos eviten confusiones es recordar que cuanto más bajo es el número, más fría es la región, y viceversa.

Aunque normalmente las zonas urbanas están un poco más protegidas y tienen unos grados más de calor en invierno, el sol abrasador del verano puede ser tan dañino como el gélido invierno. El Mapa de Zonas de Calor clasifica los lugares en función del número de días en que el mercurio sube hasta los 86°F (30°C). La zona 1 incluye áreas donde la temperatura sube a 86°F (30°C) un día al año o menos, mientras que la zona 12 marca lugares donde la temperatura ronda los 86°F (30°C) o más durante más de 210 días.

Identificar tu subzona te ayudará a tomar decisiones más precisas a la hora de seleccionar árboles frutales para tu jardín. Empieza por encontrar tu zona general y luego acota la búsqueda con tu código postal para identificar la subzona de tu región. Conocer tu zona te ayudará a ahorrar tiempo y dinero a largo plazo al evitar plantas destinadas a fracasar en tu área. Puedes garantizar el éxito seleccionando árboles frutales adecuados para tu región.

Horas frías

Otro punto importante a tener en cuenta al elegir qué cultivar es el número de horas de frío. La mayoría de los árboles de hoja caduca pasan por un periodo de letargo durante el invierno. La necesidad de frío de un frutal se refiere a la duración mínima de tiempo frío necesaria para que un árbol frutal salga de inactividad. Normalmente se mide en horas de frío y existen varios métodos para calcularlo, todos ellos basados en la acumulación de tiempo a temperaturas específicas durante la estación invernal.

Si un árbol se adapta a tu zona de cultivo, pero su ubicación no cumple los requisitos de horas de frío, es posible que la producción de fruta sea menor. Los frutales de clima templado necesitan entre 100 y 1.400 horas de frío para dar fruto en la próxima temporada. Las horas de frío suelen ser motivo de preocupación en las regiones de las zonas 9b y 10 del USDA. Éstas incluyen sobre todo las zonas meridionales y costeras, que tienen un promedio de horas de frío de entre 100 y 600 al año. Si resides en estos lugares, debes vigilar los requisitos de frío de las frutas que piensas cultivar. Entre las frutas que requieren pocas horas de frío están los caquis, las almendras, las aceitunas, las granadas, las bayas y algunas variedades de manzanas, damascos, duraznos, peras y ciruelas.

Si un árbol no recibe suficientes horas de frío durante el invierno, es posible que los brotes florales no florezcan durante la primavera o se abran de forma irregular. Además, el crecimiento de las hojas podría retrasarse. Del mismo modo, un árbol con bajas horas de enfriamiento en un área con muchas horas de enfriamiento puede florecer demasiado temprano, lo que podría dañar la fruta debido a las heladas tardías.

Demasiadas opciones: Selección de variedades de árboles frutales

Imagina un árbol que encaje perfectamente en tu jardín. Su copa tiene el tamaño justo para crear un santuario para las plantas de sombra de su base sin ensombrecer tu huerto. Soporta sin problemas las fluctuaciones climáticas de tu zona y da unos frutos deliciosos, imposibles de encontrar en las tiendas de comestibles más cercanas.

La primera regla de la jardinería comestible es plantar lo que te gusta comer. El mismo principio se aplica a los frutales. Crecí en la granja de mis abuelos en el valle, y guardo un grato recuerdo de los deliciosos damascos maduros que comía. Unos años más tarde, ¡encontrar un damasco decente en el mercado local donde vivo me parecía casi imposible! La mayoría de los propietarios de árboles frutales tienen recuerdos de infancia de su fruta favorita: un durazno que crecía en la valla del vecino o uvas del huerto de su tío abuelo. Del mismo modo, aquellos que se dedican a las conservas y los pasteleros eligen las frutas que mejor se adaptan a sus propósitos.

Si quieres cultivar un frutal en concreto, no te lances a comprarlo todavía. Como ya hemos dicho, el rendimiento del frutal en tu zona depende de varios factores. Las temperaturas altas y bajas de las distintas estaciones, la calidad del suelo, la cantidad de heladas y la duración del periodo vegetativo contribuyen al éxito de tu huerto.

Algunos árboles pueden no dar fruto en condiciones adversas o producirlo tan raramente que no valen la pena. Algunos árboles se marchitarán mientras que otros morirán. Otros podrían producir fruta de baja calidad que no se ajuste a tus expectativas. Todo esto puede evitarse seleccionando variedades de frutales que garanticen su desarrollo en el lugar donde vives. Por ejemplo, los damascos cultivados en zonas con veranos frescos suelen carecer de sabor. Puedes emplear mejor tu tiempo y tu energía aceptando las limitaciones climáticas y seleccionando las variedades que están destinadas a prosperar.

Teniendo en cuenta el tamaño y las restricciones climáticas de tu zona, hay miles de variedades frutales entre las que elegir. Los damascos Blenheim y las ciruelas Santa Rosa son candidatas populares para los huertos de patio por su rico sabor y su comportamiento fiable. Las manzanas Fuji, dulces, jugosas y crujientes, crecen bien en climas cálidos como el del Valle Central de California, donde la mayoría de las variedades de manzana flaquean. Incluso pueden prosperar en climas más fríos como el de East Bay si la temporada de cultivo es lo suficientemente larga y reciben suficiente calor durante el final del verano. Las manzanas Cox Orange Pippin son excelentes candidatas para el consumo en fresco, al igual que las Yellow Newton Pippins lo son para las tartas. Elegir variedades enanas y plantarlas muy juntas te dejará espacio suficiente para experimentar. Por ejemplo, en el caso de las manzanas, puedes probar a cultivar variedades como Yellow Bellflower, Hudson's Golden Gem o Wickson Crab.

Hablar con los propietarios de los huertos, los viveros y la gente de los mercados agrícolas locales te dará la mejor indicación de qué frutas crecen mejor en tu zona. Asegúrate de tener en cuenta otras características de los árboles que elijas, además del sabor y el aroma. Por ejemplo, las manzanas Gravenstein pueden tener un sabor maravilloso, pero su vida útil es corta. Del mismo modo, el ciruelo Emerald Beaut necesita un polinizador y tiene un aspecto poco atractivo.

Otro punto importante a tener en cuenta durante el proceso de selección es recordar que los árboles tardarán algún tiempo en dar fruto. El cuadro 3 te dará una idea del tiempo que tardan los distintos árboles en dar fruto, para que puedas elegir en consecuencia. Recuerda que los años que figuran en este cuadro se cuentan a partir del momento en que el árbol se trasplanta al lugar de cultivo. Ten en cuenta que la mayoría de los árboles que compres pueden tener ya uno o dos años. El cuadro 3 muestra la producción estimada de distintos frutales, para que puedas prepararte para el almacenamiento.

Gráfico 3: Años de fructificación de diferentes árboles

Árbol frutal	Años de fructificación
Manzanos	2-5 años
Paltos	3-4 años
Damascos	2-5 años
Bananos	2-3 años

Cerezos (agrios)	3-5 años
Cerezos (dulces)	4-7 años
Árboles de cítricos	1-3 años
Higueras	1-3 años
Árboles de azufaifa	2-5 años
Moreras	2-3 años
Nectarinos	2-4 años
Olivos	2-4 años
Papayos	2-7 años
Duraznos	2-4 años
Perales	4-7 años
Caquis	3-4 años
Ciruelos	3-6 años
Granados	2-3 años

Gráfico 4: Rendimiento estimado de los árboles frutales

Árbol frutal	Rendimiento estimado
Manzanos	Miniatura: 1/4-1 fanega* Enano: 1-4 fanegas Semienano: 5-10 fanegas Estándar: 10-20 fanegas
Damascos	Enano: 1-3 fanegas Estándar: 3-6 fanegas
Cerezos	**Variedades ácidas** Enano: 15-20 cuartos Semienanas: 20-60 cuartos **Variedades dulces** Enanas: 15-20 cuartos Semienanas: 30-50 cuartos Estándar: 60-75 cuartos (~3 fanegas)
Nectarinos	Enano: 2-3 fanegas Estándar: 3-5 fanegas
Duraznos	Enano: 1-3 fanegas Estándar: 3-6 fanegas
Perales	**Variedades asiáticas** Enano: 2-3 fanegas Estándar: 4-6 fanegas **Variedades europeas** Enano: 1-3 fanegas Estándar: 3-6 fanegas
Ciruelos	**Variedades japonesas** Enano: 1/2-2 bushel Estándar: 2-4 bushel **Variedades europeas** Enano: 1-2 bushel Estándar: 3-6 fanegas

Fanega: medida de capacidad equivalente a 64 pintas estadounidenses / 8 galones / 35-36 litros aproximadamente.

Herramientas, equipos y recursos

Existen varias herramientas de jardinería, cada una de ellas con una finalidad distinta. Puedes invertir en herramientas de alta calidad que te servirán para siempre, u optar por alternativas más baratas que pueden decepcionarte tras unos pocos usos. Si tienes poco presupuesto y no cuidas muchas plantas, puedes optar por gastar menos; sin embargo, esfuérzate por mantenerlas adecuadamente, con las cuchillas afiladas, las juntas engrasadas y todo limpio para que funcionen bien a largo plazo.

Las buenas herramientas no sólo rinden mejor, produciendo cortes más limpios que invitan menos a las enfermedades, sino que también mejoran la experiencia de la jardinería, convirtiéndola en un placer en lugar de una tarea. Tu inventario variará en función de lo que decidas cultivar. Aquí tienes algunos artículos esenciales que debes tener contigo para cuidar de tu huerto:

1. **Tijeras de podar:** Son como unas mini cizallas de jardinería muy resistentes e indispensables para diversas tareas de corte de plantas. Pueden cortar fácilmente ramas de hasta 1 cm de grosor. Las tijeras de podar Felco están ampliamente consideradas como las mejores.

2. **Tijeras de mango largo:** Se trata básicamente de tijeras de podar muy resistentes con mangos largos, a menudo extensibles, que permiten podar zonas de difícil acceso con mayor alcance y palanca. Algunas tijeras tienen un mecanismo de trinquete, que facilita la poda de las ramas más gruesas.

3. **Navaja:** Aunque existen navajas especializadas en jardinería para tareas específicas como el injerto y la poda, basta con llevar en el bolsillo una navaja bien hecha para uso general. Asegúrate de que esté siempre afilada. Puede ser útil para

arreglar pequeños desperfectos, hacer cortes precisos, sacar esquejes y cortar cordeles.

4. **Sierra de poda:** Para cortar ramas gruesas, es necesaria una sierra de poda. Estas mini sierras curvadas son cónicas para poder podar en espacios reducidos y pueden tener hojas de uno o dos filos. Invierte en una sierra de poda de alta calidad que pueda soportar la fuerza necesaria para el corte. Puede que no necesites una inmediatamente, a menos que tengas plantas maduras que requieran poda.

5. **Horquilla:** El caballo de batalla para remover la tierra y levantar las plantas, una horquilla es excelente para remover e incorporar compost o estiércol a la tierra. Invertir en una horquilla de buena calidad es una buena idea.

6. **Pala:** Se utiliza para cavar, cortar bordes rectos en la tierra y voltear compost fino difícil de manejar con una horquilla.

7. **Pala y horquilla de mano:** Estas herramientas básicas son ideales para cavar a pequeña escala, remover la tierra y escardar en espacios reducidos.

Además, también pueden ser útiles una carretilla, una regadera y dos cubos. Te serán útiles para diversas tareas, sobre todo en la época de plantación. Otros artículos a tener en cuenta son una escalera de mano, una trituradora, una azada, un rastrillo, un depósito de agua, un mazo con punta de goma para tutores, amarres para árboles, protectores contra conejos y ciervos, y una piedra de afilar para mantener afiladas las cuchillas.

Consejos de mantenimiento

No basta con poseer herramientas de primera calidad; también hay que mantenerlas adecuadamente para garantizar que permanezcan en excelentes condiciones. Aquí tienes algunos consejos valiosos sobre cómo realizar un mantenimiento eficaz de tus palas y podadoras.

Consejo 1: Después de utilizar herramientas de acero, tómate el tiempo necesario para limpiar cualquier resto de tierra o suciedad con un cepillo de alambre. Una vez limpias, friégalas con un trapo engrasado. La suciedad y el óxido acumulados pueden añadir peso innecesario y disminuir la eficacia de las herramientas.

Consejo 2: Para rejuvenecer las herramientas con mango de madera, aplica cera en pasta (disponible en ferreterías) cada ciertos años. Esta práctica ayuda a acondicionar la madera, manteniéndola en un estado óptimo.

Consejo 3: Presta mucha atención a tus podadoras. Límpialas con regularidad, asegurándote de que estén libres de savia. Lubrícalas con grasa para podadoras, que puedes encontrar en centros de jardinería o en Internet. Guarda las podadoras en una funda de cuero para proteger la hoja y mantenerla afilada.

Lo aprendido

Repasemos todo lo que hemos aprendido hasta ahora. Crear un huerto en el jardín de casa requiere una cuidadosa reflexión y una planificación meticulosa. Evaluando el lugar y teniendo en cuenta los patrones de luz solar, la intensidad del viento y la calidad del suelo, puedes encontrar los mejores árboles para tu huerto, que requieren unos cuidados mínimos para prosperar. Hay miles de variedades entre las que elegir para cumplir tu sueño de cultivar una fruta concreta en el huerto de tu casa. Invertir en herramientas de alta calidad y mantenerlas a lo largo del tiempo te permitirá cuidar mejor de tus árboles frutales.

Una vez que hayas hecho un mapa mental, es hora de pasar a construir el plano de tu huerto. Así que prepara papel y lápiz, porque en el capítulo 2 nos ocuparemos de la construcción de un diseño de jardín eficaz, así como de la tierra perfecta para cultivar un huerto frutal con éxito.

CAPÍTULO 2

Construir el proyecto de tu huerto

Imagina hileras de enormes manzanos Bramley que se extienden por ondulantes praderas, con sus ramas cargadas de fruta: un huerto enclavado en los terrenos de una antigua finca, cuidado con esmero por generaciones de hábiles jardineros para proporcionar fruta fresca a la casa. Estos grandes huertos pueden darte envidia. La pequeña porción de tierra con la que tienes que trabajar puede parecerte inadecuada o insuficiente. Es importante saber que los huertos también pueden prosperar en espacios más pequeños. Lo único que hace falta es tomar una serie de decisiones inteligentes. El proceso de diseño de un huerto es aplicable a todo el mundo, tanto si se trata de plantar unos pocos árboles como varios cientos.

Cuando se trata de plantar árboles en un huerto, no existe un planteamiento único. La colocación de los árboles depende de las características propias de cada lugar, por lo que varía de un sitio a otro. Tradicionalmente, los huertos se organizaban en forma de cuadrícula, con hileras de árboles de norte a sur. Esta configuración pretendía maximizar la exposición al sol de cada árbol. Pero hoy en día hay espacio para la creatividad y las preferencias personales. Algunos propietarios prefieren una disposición más orgánica y curvada, que dé un toque artístico a sus huertos. Los emplazamientos urbanos con mucha luz solar y buen suelo pueden seguir adoptando el patrón de rejilla si lo desean, pero la flexibilidad es la clave.

Diseñar un jardín eficiente y productivo

En determinadas situaciones, los árboles frutales pueden agruparse en conjuntos de árboles, aprovechando los parches de tierra adecuados. Esto se ve a menudo en propiedades que tienen múltiples zonas de césped. Lo importante es asegurarse de que cada árbol esté colocado en un lugar que reciba suficiente luz solar, tenga una profundidad de suelo adecuada, un drenaje correcto y no esté demasiado apretado cerca de otros árboles o arbustos grandes.

Es esencial dejar a los frutales un espacio amplio para crecer sin que compitan entre sí. Por ejemplo, para variedades de árboles semi enanos como la MM106, se recomienda espaciarlos unos 5 metros. Para la M26, la distancia debe ser de unos 3,5 a 4 metros. Este espaciado no sólo favorece un crecimiento sano, sino que también permite que llegue suficiente luz al suelo, lo que abre la posibilidad de plantar especies acompañantes como hierbas y bayas en el futuro.

Disposición del huerto y principios de diseño

Al plantar árboles, es fundamental tener en cuenta su tamaño final. Por ejemplo, si vas a plantar junto a un imponente roble de 4 metros de altura, ten en cuenta que seguirá creciendo tanto en altura como en anchura. Por eso, plantar a sólo 5 metros de distancia podría no proporcionar suficiente espacio a largo plazo. Es aconsejable pensar con antelación y dar a los árboles el espacio que necesitan para crecer.

Volvamos ahora al Capítulo 1 y hablemos de dos factores importantes que pueden ser decisivos para un huerto: el drenaje de aire frío y la calidad del suelo. Para crear un huerto ideal, busca una ubicación elevada en la parte superior de una pendiente gradual, idealmente alrededor del cuatro y el seis por ciento. Esto ayuda a garantizar un buen drenaje del aire frío, ya que las zonas bajas son más propensas a sufrir daños por heladas durante las noches tranquilas y despejadas. Por el contrario, las cimas de las colinas o las crestas pueden exponer a los árboles a fuertes vientos o al frío extremo.

En lo que respecta al suelo, los huertos prosperan en suelos profundos, bien drenados y aireados. Es fundamental realizar una evaluación exhaustiva del suelo antes de plantar. Empieza por encontrar un mapa de suelos y cavar agujeros de prueba para examinar el perfil del suelo. Los mapas de suelos proporcionan información valiosa sobre su textura, material parental, niveles de fertilidad, riesgos de erosión y capacidad de retención de agua. Los hoyos de prueba ayudan a identificar problemas como capas impermeables o problemas relacionados con el agua. Si compruebas los agujeros de prueba durante los periodos de lluvia, podrás obtener información vital sobre el nivel freático del suelo.

Durante esta evaluación, asegúrate de recoger muestras de la capa superficial del suelo y del subsuelo para su análisis. Estas muestras ayudan a determinar factores importantes como los niveles de pH, los desequilibrios de nutrientes y el contenido de materia orgánica. Además, hay que tener en cuenta otros factores específicos del lugar, como la accesibilidad del agua para el riego y la pulverización, la presencia de depósitos de malas hierbas que puedan albergar virus vegetales y los riesgos potenciales de granizadas u otros desastres meteorológicos.

La evaluación de los factores anteriores te permite seleccionar el lugar perfecto para el huerto, que optimice el drenaje del aire frío, cuente con un suelo de alta calidad y siente las bases para una explotación frutícola rentable y exitosa.

El Plan: La fórmula mágica

El éxito de tu huerto depende de la elaboración de un plan sólido antes de empezar a plantar. Antes de comprometerte con una disposición determinada, debes tener en cuenta varios factores, como el espacio disponible, el equipo y tiempo disponibles, y elegir en consecuencia las variedades, los portainjertos y las densidades de plantación. La densidad de árboles de un huerto influye mucho en su eficacia. Los huertos de mayor densidad, con 500 o más árboles por acre en portainjertos enanos, requieren más atención por parte de los agricultores, incluida la formación oportuna de los árboles, la poda y la gestión del agua.

El objetivo es encontrar el equilibrio adecuado entre maximizar la capacidad de carga por acre y evitar el hacinamiento. Los árboles deben espaciarse de forma que se toquen en la madurez sin llegar a estar apretados. Diversos factores, como el vigor de la variedad, el control del tamaño del portainjerto, el clima, la fertilidad del suelo, la duración del periodo vegetativo, el agua disponible y la intensidad luminosa, influyen en el tamaño de los árboles en la madurez.

En los huertos modernos, la tendencia es hacia plantaciones de mayor densidad de árboles pequeños. Los huertos semienanos suelen tener densidades que oscilan entre 123 y 311 árboles por acre (1 acre = aprox. 4045 m2), mientras que los huertos enanos pueden alcanzar densidades de 388 a 777 árboles por acre, a veces con espaciamientos tan reducidos como 2' x 10'. En la actualidad, los huertos de alta densidad superan los 500 árboles por acre y pueden llegar incluso a los 1.000 árboles con sistemas de varias filas. Aquí tienes una fórmula fácil para calcular el número de árboles por acre en tu terreno:

Árboles/acre = 43.560/L*W

L = distancia entre árboles en pies para la dirección 1

W= distancia entre árboles en pies para la dirección 2

Teniendo en cuenta estos factores y eligiendo con conocimiento de causa los portainjertos, las variedades de plantas y la densidad de plantación, los planificadores de huertos pueden optimizar sus operaciones para lograr el éxito.

Maximizar la penetración de la luz solar

Un factor importante que hay que tener en cuenta al diseñar la disposición es cómo se intercepta y distribuye la luz dentro de la copa, sobre todo hacia las flores y los frutos. Si optas por árboles ramificados sobre portainjertos enanos, puedes esperar cosechas tempranas, lo cual es fantástico.

Un consejo interesante: los árboles que crecen en hileras norte-sur suelen tener mejores condiciones de luz que los que crecen en hileras este-oeste. Así que, cuando planifiques la distribución de tu huerto, tenlo en cuenta. Puedes mejorar aún más la interceptación de la luz reduciendo la distancia entre hileras y aumentando la altura de los árboles. Como norma general, procura que la altura de los árboles sea la mitad de la distancia entre hileras más un metro adicional. Esto ayudará a optimizar la producción por acre.

Para garantizar el éxito de tu plan de cultivo, es aconsejable encargar los árboles dos o tres años antes de la plantación. Esto te permitirá obtener las mejores combinaciones de portainjertos que se adapten a tus necesidades específicas. Busca árboles probados contra virus con sistemas radiculares sanos para dar a tu huerto un comienzo sólido y sentar las bases de una producción sostenible. Si planeas un sistema intensivo, es deseable contar con árboles bien desarrollados para obtener cosechas tempranas.

Además, si necesitas árboles cortavientos o polinizadores, es mejor pedirlos también con antelación. Los estudios sugieren que los álamos, sauces u otras especies caducifolias que brotan pronto y conservan las hojas hasta después de la cosecha, son excelentes árboles cortavientos. Y no olvides buscar asesoramiento local sobre los mejores polinizadores, ya que los periodos de floración de los árboles frutales pueden variar de una región a otra.

El suelo: tu hoja de ruta hacia el éxito

Garantizar el equilibrio adecuado entre los alimentos de reserva y los elementos del suelo para tus árboles es crucial para el éxito fructífero. Si el árbol está bien alimentado pero crece en un suelo inadecuado, es posible que la cosecha acabe siendo decepcionante, con frutos pequeños y sin brillo o incluso sin frutos. Esto puede ocurrir si el árbol se ha sobreesforzado, intentando producir demasiado y provocando la caída prematura de los frutos. También puede ocurrir si el árbol ha sufrido el agotamiento de las hojas debido al estrés, el clima, las plagas o las enfermedades. Identificar y abordar el problema subyacente ayudará a resolverlo.

pH del suelo

Imagina una escala del 1 al 14, en la que el 7 es el punto dulce neutro. Todo lo que esté por debajo de 7 es ácido, mientras que todo lo que esté por encima se considera más alcalino. Por lo general, los frutales se conforman con un pH entre 6 y 6,5, pero pueden tolerar un pH ligeramente superior o inferior sin problemas. Los almendros, sin embargo, prefieren un pH de 7 a 7,5, y su zona óptima se sitúa en torno a 5. Por tanto, optimizar el pH del suelo definitivamente vale la pena.

Hablemos ahora de algunas plantas de alto mantenimiento, como los arándanos y las almendras. Tienen preferencias específicas de pH, y alejarse demasiado de su rango deseado no será un buen augurio para su crecimiento. Es como intentar que un amante del café se conforme con un té: no le hará ninguna gracia. Y aquí hay una obviedad: muy pocas plantas pueden soportar los extremos de la escala de pH.

Entonces, ¿cómo puedes descubrir los secretos del pH de tu suelo? Tienes un par de opciones. Puedes realizar un análisis del suelo en una universidad o en un laboratorio privado. O puedes utilizar un kit de análisis casero. Ajustar el pH del suelo es como afinar un instrumento. Para aumentar el pH y hacerlo más alcalino, puedes añadir cal. Si quieres bajar el pH, el azufre o un fertilizante que contenga azufre es tu herramienta de confianza.

Recuerda que el pH del suelo es como una melodía armoniosa para tus plantas. Buscar el equilibrio adecuado del pH es esencial para su bienestar, al igual que encontrar el ritmo perfecto. Será un viaje divertido que sacará al científico que llevas dentro.

Textura

La textura del suelo se refiere al tamaño de sus partículas. Piensa en ello como si fueran diferentes tipos de personalidades del suelo. Tenemos el suelo arenoso, que tiene partículas más grandes que se deshacen al apretarlas. No pueden mantenerse unidas. Luego está el suelo limoso, con partículas ligeramente más pequeñas. Cuando la aprietas bien, tarda unos minutos en deshacerse. Y, por último, tenemos la tierra arcillosa. Está formada por partículas diminutas que mantienen su forma pase lo que pase.

Pero aquí viene lo interesante. La mayoría de los suelos son una mezcla de estos tipos, por lo que puedes tener una mezcla de limo arenoso o limo arcilloso. Y dependiendo de dónde te encuentres, ciertos tipos de suelo son más comunes. Encontrarás suelos arcillosos en algunas regiones, suelos arenosos en las cimas de las colinas y suelos limosos en las tierras bajas cercanas a los ríos.

Los diferentes suelos tienen diferentes superpoderes en lo que respecta al agua. El suelo arenoso es como un velocista, drena el agua muy rápido. El suelo limoso es más bien un bebedor moderado, que se toma su tiempo para dejar que el agua se filtre. ¿Y el suelo arcilloso? Es el acaparador de agua del grupo, reteniendo la humedad durante más tiempo. Por lo tanto, si tienes árboles frutales en una colina arenosa, posiblemente tengan mucha sed y necesiten más agua. Pero si están enraizados en suelo arcilloso, pueden recibir más agua de la que necesitan.

Cuando se trata de cultivar árboles, el suelo limoso es el billete dorado. Es el mejor para los cultivos de jardín y los árboles frutales. Sin embargo, con un poco de cariño, puedes hacer que las plantas crezcan en cualquier tipo de suelo. Lo que ocurre es que algunos suelos facilitan que las raíces de las plantas desplieguen sus alas, o mejor dicho, sus raíces. Los suelos arenosos invitan a las raíces a explorar, mientras que los arcillosos pueden ser un poco restrictivos.

No lo endulzaré. Cultivar árboles frutales en suelo arcilloso puede ser todo un reto. Pero no te preocupes, tenemos algunos trucos bajo la manga. Añadir elementos como compost y mantillo a la mezcla puede hacer maravillas. Ayudan a mejorar el drenaje y dan a las raíces un poco más de espacio para respirar. Así, incluso en suelos arcillosos, podemos darle la vuelta a la situación y crear un hogar acogedor para esos árboles frutales. Sólo hace falta un poco más de esfuerzo y algo de magia orgánica.

Fertilidad del suelo

Los investigadores han identificado más de 16 elementos minerales esenciales que son necesarios para el crecimiento de los frutos de los árboles. La cantidad específica necesaria varía para cada elemento. Por lo general, nuestros suelos contienen cantidades suficientes de estos elementos esenciales para los frutales. Sin embargo, hay cinco minerales -nitrógeno, fósforo, potasio, calcio y boro- que merecen una mayor atención en los huertos debido a la posibilidad de que se produzcan carencias. Es importante controlar y gestionar estos minerales cuidadosamente para garantizar un crecimiento y desarrollo óptimos de los frutales. Hablaremos de ellos con más detalle en el Capítulo 3.

Lo aprendido

Si tienes en cuenta el tamaño final de los árboles maduros, la penetración de la luz solar, la circulación del aire y el drenaje del frío, podrás idear la disposición perfecta de tu huerto. Puedes evitar posibles problemas en tu huerto frutal analizando cuidadosamente tu espacio y eligiendo los árboles de acuerdo a esa información. Si ajustas el pH, la textura y el contenido de nutrientes del suelo a las necesidades de tus plantas, les proporcionarás una base sólida sobre la que construir y empezarán con buen pie.

CAPÍTULO 3

Plantación y establecimiento de árboles frutales

Ahora que ya has hecho todos los preparativos, es el momento de dirigirte a tu centro de jardinería o vivero local y llevarte los árboles a casa. Puede parecer una tarea sencilla, pero acabar con un árbol poco sano puede costarte una fortuna. Ten en cuenta que elegir un vivero de mayor calidad aumenta tus posibilidades de volver a casa con árboles sanos. Elige siempre centros de jardinería o viveros de buena reputación con un historial probado de suministro de árboles sanos.

Selección de portainjertos y patrones de árboles frutales sanos

Es posible que ya tengas preparada una lista de variedades de árboles frutales que deseas cultivar en tu propiedad. Sin embargo, encontrar un árbol sano puede resultar complicado. Para el ojo inexperto, todos los árboles pueden parecer iguales. Mientras tanto, los arboricultores pasan años aprendiendo las características distintivas de numerosas variedades de árboles. Los entusiastas de los árboles pueden detectar fácilmente un árbol sano, libre de plagas y enfermedades, que está destinado a prosperar en tu huerto con unos cuidados mínimos.

Vocabulario arbóreo

Antes de ir al vivero, conviene repasar el vocabulario relacionado a los árboles. Si aprendes algunos términos clave, podrás evitar sentirte perdido, leer las etiquetas de los árboles y tomar las mejores decisiones. Aquí tienes algunos términos básicos que debes conocer:

- **Familia:** Grupo de árboles muy parecidos entre sí por su aspecto.
- **Género:** División dentro de una misma familia en la que los árboles comparten múltiples rasgos similares.
- **Especie:** Subdivisión del género, que acota aún más los árboles agrupados.
- **Variedad:** División de la especie en un grupo más pequeño con características definitorias.
- **Híbrido:** Grupo de árboles cruzados que no se encuentran de forma natural.
- **Clones:** Árboles propagados mediante esquejes de la planta madre.
- **Calibre:** El diámetro del tronco del árbol.
- **Líder del árbol:** El tallo vertical dominante en la parte superior del tronco del árbol.

Encontrar un árbol sano

Llegados a este punto, puede que tengas una idea clara de los árboles que deseas y de dónde quieres plantarlos. Esto significa que tendrás listas las respuestas a las primeras preguntas que el personal del vivero pueda hacerte cuando llegues. Limitar la lista a las especies facilitará aún más el trabajo. Una vez que lo tengas todo ordenado, es hora de inspeccionar cuidadosamente el árbol. Aquí tienes algunos rasgos identificativos de árboles saludables:

- Ausencia de hojas marrones enroscadas en las puntas que indiquen deficiencia de agua.

- Mínimas o ninguna cicatriz en el tronco y las ramas
- Ausencia de manchas o agujeros que indiquen infestación por insectos
- Pocas ramas y ramitas muertas
- Un líder superior bien desarrollado
- Troncos que se estrechan uniformemente
- Ramas bien distribuidas y separadas entre sí entre 20 y 30 cm.

Aunque los atributos anteriores pueden darte una idea general de la salud estructural del árbol, lo más importante es lo que hay bajo tierra. Las raíces son la respuesta a cualquier pregunta que puedas plantearte sobre la salud del árbol. Mientras que los defectos estructurales pueden corregirse fácilmente, los sistemas radiculares comprometidos pueden indicar problemas más profundos.

Raíces: El secreto de unos árboles sanos

La compleja red de raíces no sólo ancla los árboles, sino que también garantiza la absorción de nutrientes y agua. Aquí tienes algunos signos que deberían hacer saltar las alarmas si los detectas en las raíces de tus árboles:

1. **Dimensiones del cepellón:** Es el conjunto de las raíces y la tierra o sustrato que las rodea. El tamaño del cepellón debe ser proporcional a la altura del árbol. No debe ser ni mayor ni menor que el tronco del árbol.

2. **Cuello de la raíz:** Es la masa de raíces que se une a la base del tronco por encima del nivel del suelo. No debe estar más de un centímetro por encima o por debajo de la tierra. Si el cuello de la raíz está demasiado expuesto, es señal de mala salud del árbol.

3. **Raíces en círculo:** Se producen cuando el árbol ha crecido demasiado en su contenedor. Al no tener adónde ir, las raíces

empiezan a dar vueltas alrededor de la maceta. Es posible que haya que podar las raíces de estos árboles antes de trasplantarlos.

4. **Raíces que crecen en el tallo:** Este tipo de raíces se forman cuando se cortan y empiezan a crecer perpendicularmente. Pueden causar hendiduras en el tronco, invitando a una serie de enfermedades.

5. **Árboles con raíces atadas:** Aunque este tipo de árboles no están necesariamente en malas condiciones de salud, pueden indicar falta de atención profesional y pueden apuntar a otros problemas de salud que acechan debajo.

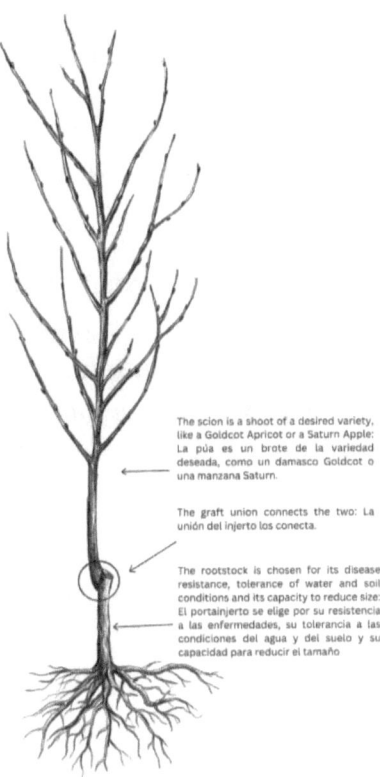

Figura 3: Un árbol injertado y sus partes

Puedes estimar con precisión la resistencia de las raíces mediante la prueba de flexión. Sujeta el tronco del árbol con una mano mientras presionas suavemente el recipiente o el cepellón con la otra. Si el cepellón se mantiene firme y el tronco se dobla o flexiona, es una buena señal. Pero si las raíces se flexionan y el tronco permanece rígido, entonces quizá debas buscar otro.

Portainjerto

Los árboles frutales no se suelen cultivar a partir de semillas porque, cuando se hace, la fruta no suele estar a la altura de las expectativas del cultivador. Además, si se les deja crecer libremente, los frutales pueden crecer enormemente y resultar difíciles de manejar para los jardineros. Por eso, la mayoría de los frutales son de polinización cruzada. El árbol resultante comparte parte de su ADN con el árbol madre y parte con el árbol padre. Las semillas producidas por estos árboles tienen una composición genética única y, con el tiempo, se convierten en árboles que producen frutos distintos a los de los árboles padres.

Los árboles frutales injertados constan de dos partes: la púa, la parte del árbol que sobresale del suelo, y el patrón, la parte inferior del tronco formada por las raíces. Una púa se injerta en un patrón de un árbol emparentado para crear variedades que tengan un tamaño más manejable y produzcan fruta de la mejor calidad. Las figuras 3 y 4 ilustran la anatomía de un frutal nuevo y de un frutal injertado de pocos años.

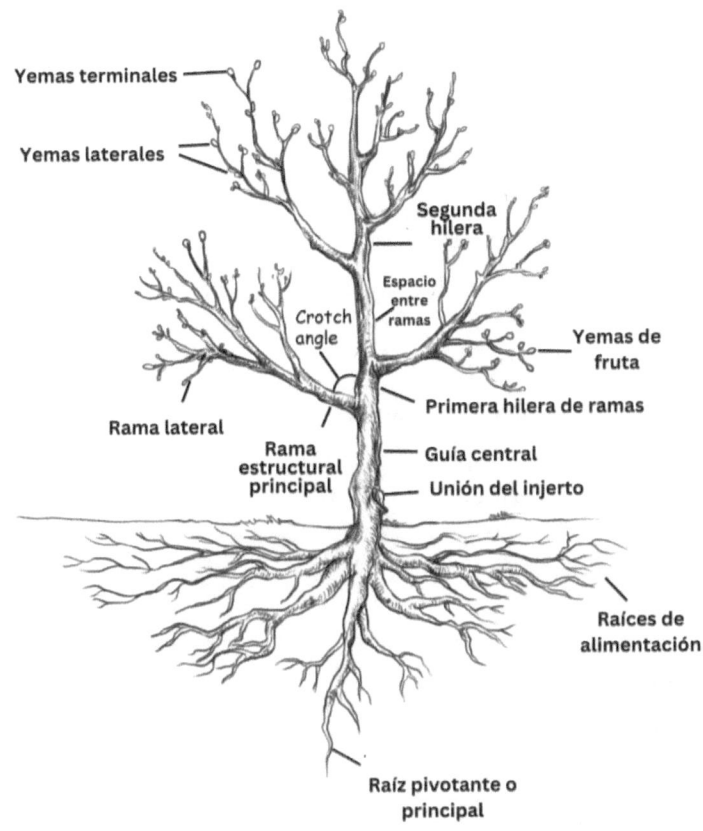

Figura 4: Anatomía de un frutal injertado de pocos años.

Cuando vayas a comprar un árbol frutal, fíjate en la etiqueta y encontrarás el portainjertos sobre el que está injertado. Algunas de las ventajas de utilizar portainjertos son:

1. Añadir rasgos deseables a la planta, como resistencia a plagas y enfermedades, resistencia al frío, mayor producción de fruta y menor tamaño del árbol.

2. Crear árboles que den fruto rápidamente en lugar de tardar de tres a ocho años.

3. Producir variedades enanas o semienanas que sean más fáciles de cultivar, animando a los jardineros a plantar más árboles por acre y conseguir un mayor rendimiento frutícola.

Veamos las tres categorías diferentes de portainjertos y cuál debes elegir para tu huerto:

Estándar

Los árboles que pueden crecer hasta 25 pies (7.6 metros) o más entran en esta categoría. La poda regular puede limitar el tamaño de estos árboles a 26 x 20 pies (8 x 6 metros) con una altura de 24 pies (7.3 metros). A diferencia de las variedades enanas, las variedades estándar suelen vivir más tiempo y producir más fruta. Al ser de floración tardía, tardan entre cinco y ocho años en dar fruto y pueden ser difíciles de podar.

Enano

Son árboles pequeños para espacios reducidos, su tamaño compacto facilita la poda y la recolección. Tardan de tres a cinco años en empezar a fructificar y tienen redes radiculares limitadas que se benefician del riego suplementario durante los periodos secos.

Semi-enano

A medio camino entre las variedades estándar y las enanas, estos árboles miden entre 10 y 16 pies (3 a 5 metros) de altura. Una poda a tiempo puede mantenerlos en forma. Los frutos son del mismo tamaño que los de los árboles estándar y la fructificación suele comenzar entre tres y cinco años después de la plantación.

Elije: en cepellón, en contenedor o a raíz desnuda

La mayoría de las plantas y árboles que encontrarás en el vivero estarán en contenedores, normalmente macetas de plástico negro llenas de abono. Aunque la mayoría de las plantas pueden pasar toda su vida en estos contenedores, otras se cultivan en el suelo y se pasan a macetas antes de ponerlas a la venta (en contenedor). En cambio, los árboles a raíz desnuda permanecen en el suelo toda su vida. Suelen ponerse a la venta tras entrar en letargo en los meses de invierno, cuando se desentierran y se venden sin maceta ni tierra.

Mientras tanto, las plantas con cepellón se cultivan en el suelo, se desentierran y se venden con un cepellón de tierra que protege las delicadas raíces. La masa de raíz y tierra se envuelve en un cuadrado de arpillera para proporcionar el soporte estructural necesario. Esta técnica suele aplicarse en plantas que no se trasplantan bien mediante el método de raíz desnuda porque o bien no se aletargan del todo o porque tienen una estructura radicular extremadamente frágil.

Tradicionalmente, los árboles y plantas a raíz desnuda dominaban el mercado en los años 40 y 50, antes de que las macetas de plástico se impusieran. El mayor inconveniente de optar por la raíz desnuda es el escaso margen para plantarlos. Por ejemplo, si pretendes plantarlos en abril o mayo, tendrás que esperar hasta el principio de la próxima temporada para recibirlos. Sin embargo, las ventajas superan con creces el pequeño inconveniente de la espera. Tienes una gran variedad de árboles de distintos tamaños para elegir con sistemas radiculares fuertes. Lo mejor es plantar durante los meses de invierno, para que los nuevos árboles se acostumbren a su nueva ubicación antes de que broten las flores y el follaje.

Cada uno de los métodos mencionados tiene sus pros y sus contras. Los árboles en contenedor suelen ser los más cómodos y están disponibles durante todo el año. Si no tienes listo el lugar de plantación, puedes mantenerlos en macetas durante semanas o incluso meses después de traerlos a casa. Sin embargo, tendrás menos variedad, tamaño y portainjertos para elegir y los precios serán más altos que los de los árboles a raíz desnuda. También está el problema de las macetas de plástico de un solo uso, que con toda probabilidad acabarán en los vertederos.

En cuanto a los árboles a raíz desnuda, hay que desembalarlos y plantarlos en los tres o cuatro días siguientes a su llegada. Los viejos libros de jardinería mencionan noviembre o diciembre como la época ideal para plantar porque el suelo está relativamente caliente y retiene suficiente humedad de las lluvias otoñales. Sin embargo, se puede plantar en cualquier momento del invierno, siempre que se pueda clavar una pala en la tierra. Un poco de escarcha o una fina capa de nieve no suelen ser un problema. El único momento en que no es posible plantar es cuando el suelo está helado o encharcado. En ese caso, lo mejor es enterrar las raíces desnudas en un montón de compost o tierra suelta y esperar a que el suelo se descongele.

El momento oportuno lo es todo: responder al cuándo, dónde y cómo

Entremos de lleno en cuándo, dónde y cómo plantar los árboles una vez que hayan llegado a tu propiedad.

Cuándo plantar

- En climas templados, plantar arbustos y árboles frutales a partir de noviembre da a las raíces unas semanas más para establecerse. Plantar en esta época del año no suele ser un problema en las zonas del sur y el noroeste del Pacífico.

- En las regiones frías, el momento ideal para plantar árboles a raíz desnuda es hacia el final del invierno o el principio de la primavera, cuando el suelo ya no está helado.

- Si el terreno exterior no está preparado, puedes meter los árboles a raíz desnuda en tierra húmeda y esperar unos días hasta que las condiciones sean más favorables. Lo ideal es plantar los árboles a raíz desnuda inmediatamente después de su llegada.

- Si se te pasa la época ideal para plantar árboles, es mejor optar por árboles en contenedor. Las raíces de los árboles cultivados en contenedor ya están establecidas y listas para absorber la humedad y los nutrientes durante el tiempo más cálido.

Dónde plantar

- Elije una zona que cumpla los requisitos de luz solar del árbol.

- Evita zonas propensas a inundaciones o situadas en terrenos altos donde el suelo pueda secarse rápidamente.

- Crea un entorno protegido para los árboles plantándolos cerca de una valla o un muro para bloquear los vientos fuertes.

- Evita plantar cerca del tejado de tu casa, que puede arrojar un montón de nieve sobre el árbol desprevenido, rompiendo las ramas.

- Vigila las otras plantas de los alrededores. Los árboles son excepcionalmente buenos absorbiendo nutrientes y agua, privando a otras plantas de sus necesidades esenciales.

Cómo plantar

- Toma una pala y cava un agujero cuadrado de un metro x un metro. La forma cuadrada favorece el crecimiento de las raíces en el terreno circundante mejor que una redonda.

- Rellena el agujero con unos centímetros de compost, mezclándolo con la tierra de debajo con una horquilla de jardinería.

- Utiliza la tierra que has retirado del suelo, mézclala con el compost restante y resérvala.

- Busca en el tronco del árbol una marca de agua ligeramente oscura. Aquí es donde estaba el nivel del suelo en el lugar donde crecía el árbol antes.

- Coloca el árbol a raíz desnuda en el centro y utiliza un bastón para asegurarte de que la tierra llegue hasta la marca del tronco. Asegúrate de que la unión del injerto del árbol injertado quede por encima del suelo.

- Saca el árbol y coloca una estaca, o tutor, de madera gruesa a unos centímetros del centro en el agujero. Fíjala firmemente con un martillo en el lado en el que suelen soplar vientos fuertes sobre tu propiedad.

- Vuelve a colocar el árbol en el agujero, cerca del tutor, y empieza a remover la tierra y la mezcla de abono que preparaste antes. Este proceso se conoce como relleno.

- Presiona suavemente la tierra con tus botas. Cuando hayas llegado a la mitad, levanta el árbol agarrándolo por el tronco y suéltalo para que vuelva a hundirse. Así te asegurarás de que no queden espacios vacíos alrededor de las raíces.

- Ata el tronco al tutor cuando hayas terminado, asegurándote de dejar espacio suficiente para el crecimiento del árbol a la vez que le proporcionas el soporte necesario. También puedes añadir un tubo protector alrededor del árbol para ahuyentar a los animales pequeños y esparcir abono de harina de algas marinas en la base.

- Cubre el suelo con una estera de cáñamo biodegradable para evitar el crecimiento de malas hierbas.

- Riega la tierra en profundidad para que las raíces no se sequen y la tierra se asiente a su alrededor.

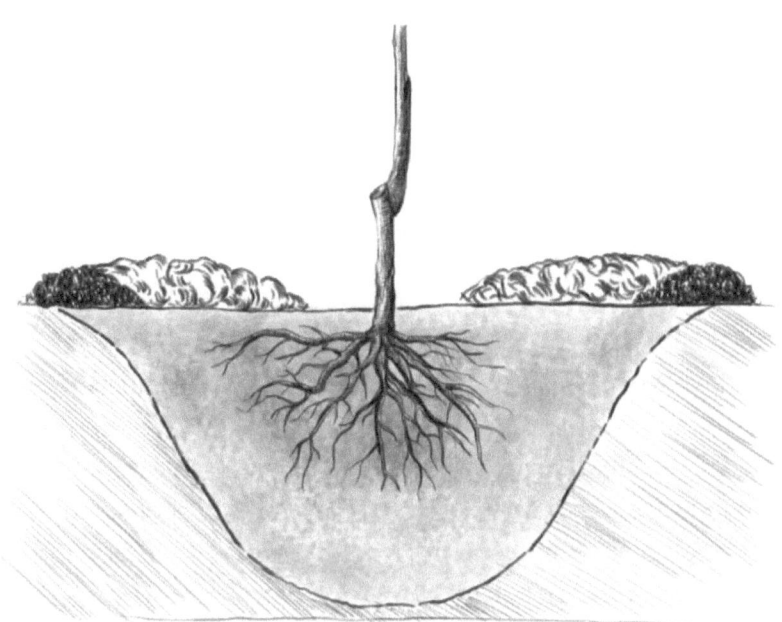

Figura 5: Colocación correcta del árbol en el agujero.

Entutorado: Protege tus árboles jóvenes

Durante los dos primeros años, el árbol necesitará un tutor para mantenerse recto. Así evitarás que las fuertes ráfagas de viento lo derriben cuando es joven y lo arranquen de raíz. Los tutores son especialmente importantes para los árboles jóvenes porque carecen de un sistema radicular adecuado que los ancle al suelo. Sin el apoyo necesario, los árboles pueden desarrollar un "agujero de palanca". Si el viento hace que el árbol recién plantado se balancee demasiado, la fricción puede crear un hueco cada vez mayor entre el tronco y el agujero. Los árboles enanos con poco anclaje o los árboles a raíz desnuda suelen ser propensos a desarrollar esta afección.

Aunque el entutorado suele ser necesario, puede interrumpir el crecimiento del tronco y del sistema radicular si se realiza de forma equivocada. Aquí tienes algunas situaciones en las que el entutorado es un requisito previo:

- Al plantar árboles a raíz desnuda
- Al plantar árboles incapaces de mantenerse en pie por sí mismos
- Al plantar en una zona propensa a inundaciones estacionales
- Al plantar en un lugar extremadamente ventoso
- Al plantar un árbol con un cepellón extremadamente pequeño

Los materiales que debes utilizar para instalar las estacas o tutores deben permitir que el tronco se mueva con naturalidad mientras le proporcionan un soporte suficiente. Puedes utilizar correas elásticas, tiras de tela de algodón, tubos de bicicleta, medias de nailon y eslingas que encontrarás en centros de jardinería. Es aconsejable utilizar correas anchas, que proporcionarán un soporte flexible sin dañar el árbol. Haz una figura de ocho con la correa y átala sin apretar al tutor. Echa un vistazo a la Figura 6 que se muestra a continuación para hacerte una mejor idea sobre el uso de eslingas con tutores.

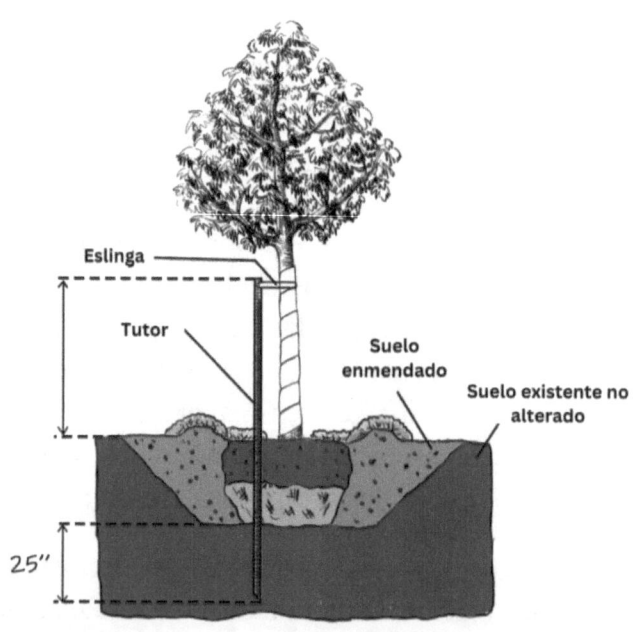

Figura 6: Plantación de un árbol con estacas y eslinga.

Ahora que ya hemos hablado de los materiales que necesitarás, veamos los distintos métodos de entutorado.

Tutor único

- Utiliza este método si el tronco del árbol tiene un diámetro inferior a 5 cm.
- Añade el tutor después de colocar el árbol en el agujero. Ten cuidado de evitar el cepellón e instálalo en el lado que reciba más viento.
- Entierra el tutor al menos 60 cm en el suelo. La parte del tutor que sobresale del suelo no debe superar los dos tercios del tronco.
- Fija una correa, si es necesario, al extremo del tutor.

Dos o tres tutores

- Utiliza dos o tres tutores si el diámetro del tronco del árbol es de 5 a 10 cm.
- Instala los tutores a ambos lados del árbol después de colocarlo en el agujero. Si utilizas tres tutores, colócalos en forma de triángulo.
- Entierra los tutores hasta 60 cm en el suelo. La parte que sobresale del suelo no debe llegar a más de dos tercios del tronco.
- Coloca la correa en el extremo de uno de los tutores.

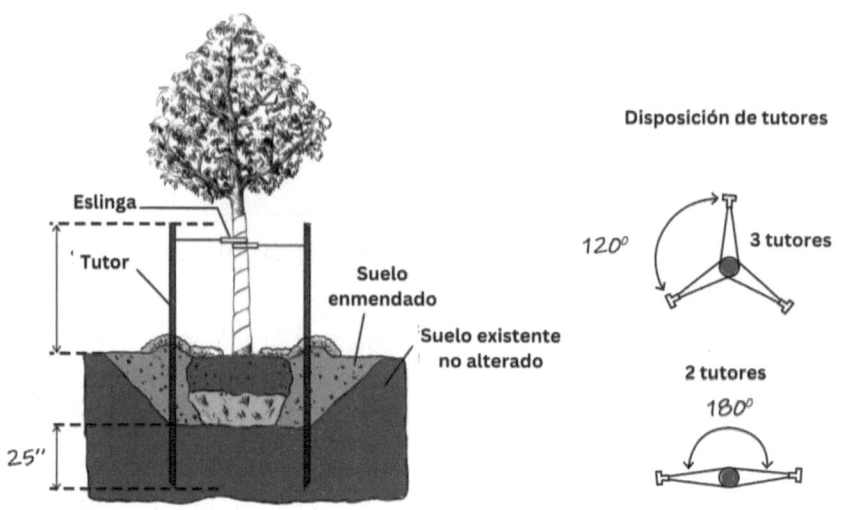

Figura 7: Utilización de dos y tres tutores para plantar árboles

Tutorado con alambres guía

- Utiliza alambres tensores si el tronco del árbol tiene más de 10 cm de diámetro.
- Sujeta tres alambres con otros tres utilizándolos como tensores.
- Utiliza tutores de madera o acero galvanizado para el anclaje.
- Toma correas elásticas de cinco centímetros de ancho y fija los alambres tensores al tronco. Este proceso será mucho más fácil si utilizas ojales.
- Coloca los anclajes en el suelo después de plantar el árbol. Colócalos formando un triángulo a 30 grados del agujero de plantación.
- Fija los alambres tensores en la base.
- Fija las correas en el tronco.
- Pasa los alambres tensores por los ojales y estíralos en un ángulo de 45 grados respecto al árbol.
- Asegúrate de que los alambres no toquen el tronco.

- Inspecciona el árbol con regularidad para detectar cualquier signo de daño.

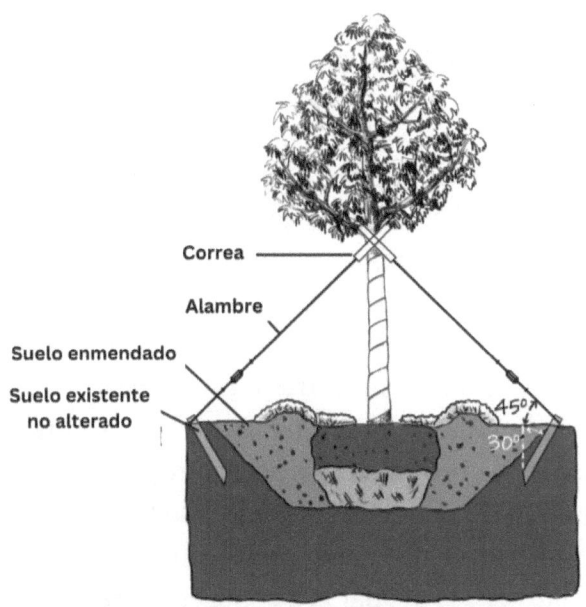

Figura 8: Uso de vientos para tutorar un árbol

Recuerda que el entutorado es una solución temporal. Los tutores deben retirarse lo antes posible para no dañar el árbol y favorecer el desarrollo de un tronco y sistema radicular fuertes. Normalmente, los tutores se quitan después del primer año. Sin embargo, es posible que tengas que esperar hasta dos años para retirarlos de los árboles más grandes. Si no estás seguro, agarra el tronco y dale una pequeña sacudida para comprobar si el cepellón está suelto. Si se mantiene firme, el árbol ya no necesita tutores.

Estrategias de riego

La cantidad de agua que necesita un frutal depende de su tamaño, la duración del día y el clima, incluidos factores como la temperatura, la humedad y el viento. Un riego inadecuado puede reducir el tamaño de los frutos y retrasar su crecimiento. Una sequía extrema puede dar lugar a una mala cosecha, haciendo que los frutos se quemen, se arruguen y se caigan, además de provocar la caída de las hojas. Sin embargo, los árboles establecidos con raíces más profundas suelen beneficiarse de un riego poco frecuente. Estos árboles pueden tolerar el riego cada tres o cuatro semanas de junio a agosto. Mientras tanto, los árboles jóvenes requieren un riego cada diez días o cada dos semanas.

Por lo general, los árboles necesitan dos galones (7.57 litros) de agua al día uno o dos años después de la plantación, mientras que los árboles maduros pueden necesitar hasta cincuenta galones (189 litros) en los días calurosos de verano. Regar las plantas lentamente garantizará que la tierra absorba toda la humedad. Los árboles jóvenes tienden a ser más susceptibles al estrés hídrico que los ya establecidos. Y aunque tengas la impresión de que los cítricos son resistentes a la sequía, sus raíces poco profundas los hacen propensos al estrés hídrico (von Rosenberg, 2015). Entonces, ¿cómo puedes asegurarte de regar los árboles de tu huerto de manera adecuada? Aquí tienes algunos puntos importantes que te ayudarán a conocer las necesidades de riego de tus frutales:

1. Invierte en un buen sistema de riego que garantice un riego profundo.
2. Aplica una capa generosa de mantillo alrededor de los árboles para ayudar al suelo a retener la humedad.
3. Planta variedades enanas o semienanas que sean más fáciles de manejar.
4. Realiza una poda fuerte, reduciendo el árbol en un tercio aproximadamente, sobre todo durante el reposo vegetativo.
5. Conoce las necesidades de riego de cada árbol y riega en función de ellas. Los higos, las almendras y los olivos son los más resistentes a la sequía, mientras que los duraznos, los cítricos y las nectarinas son los menos resistentes.
6. Asegúrate de que el suelo esté sano y tenga mucha materia orgánica para retener la humedad.

Riego del huerto: ¿Cuál es el mejor método para ti?

Los métodos de riego más utilizados por los jardineros son las mangueras de remojo, el riego por goteo y los aspersores. ¿Qué método es el mejor? La respuesta, como era de esperar, es que depende. La elección del sistema de riego adecuado para tu jardín depende de varios factores. La figura 9 muestra los distintos sistemas de riego (micro aspersores, anillo de riego, Estacas de riego). Veamos las ventajas e inconvenientes de cada sistema, para que puedas tomar la mejor decisión para tu huerto.

Mangueras de remojo

Consisten en largas mangueras porosas que permiten que el agua se filtre. El agua se distribuye a lo largo del tubo, colocado sobre la superficie del suelo. Entre las ventajas de utilizar mangueras de remojo figuran el hecho de no tener que lidiar con atascos, su fácil instalación y la pequeña inversión necesaria para su puesta en marcha. Además, el proceso de instalación es bastante sencillo y requiere un mantenimiento mínimo.

Algunos de los inconvenientes del uso de mangueras de remojo son la pérdida de agua por escorrentía y el fomento del crecimiento de malas hierbas. El sistema no es personalizable, ofrece poca precisión y no se puede instalar bajo tierra, lo que puede ser un problema si valoras la estética.

Ventajas

- Rentable
- Excelente para la conservación del agua
- Previene enfermedades fúngicas
- Eficaz y requiere un esfuerzo mínimo
- Se pueden regar varias plantas con una sola llave

Desventajas

- Riego excesivo debido a la falta de control sobre la cantidad de agua que se libera
- Propensos a dañarse y requieren sustitución cada pocas temporadas

Riego por goteo

El riego por goteo consiste en una extensa red de tubos con diminutos orificios que recorren todo el jardín. Esto permite distribuir el agua a las plantas de forma lenta y controlada. A diferencia de los aspersores, que cubren grandes superficies, el riego por goteo transporta pequeñas cantidades de agua a lugares precisos, como la zona radicular. El riego por goteo se presenta en diversas formas, como líneas y cintas de goteo.

Línea de goteo

Las líneas de goteo están fabricadas con tubos redondos resistentes que pueden durar varios años. Son extremadamente personalizables y fáciles de usar. Puedes comprar líneas de goteo con emisores para regar plantas en distintos lugares del jardín.

Cinta de goteo

Las cintas de goteo consisten en un tubo plano que funciona muy bien directamente bajo la superficie del suelo. No son tan duraderas como las líneas de goteo, ya que sólo duran unas pocas temporadas como mucho, y requieren un reductor de presión para funcionar correctamente.

Veamos ahora los pros y los contras del riego por goteo.

Ventajas

- Ahorra agua al suministrar cantidades controladas a lugares precisos mediante el uso de reguladores de presión.
- Fomenta el crecimiento de las plantas
- Suprime las malas hierbas

- Previene enfermedades fúngicas e infestaciones de plagas
- Personalizable
- Ocupa menos tiempo ya que se le puede poner un temporizador para regar a intervalos regulares

Desventajas

- Puede requerir una importante inversión inicial y una amplia planificación
- Requiere un mantenimiento regular ya que los emisores pueden obstruirse
- Algunas personas pueden encontrar frustrante el proceso de instalación

Micro aspersores

Los micro aspersores funcionan a baja presión, dispersando gotas que imitan las gotas de lluvia. Estos artilugios son mucho más eficaces que los aspersores tradicionales, que tienden a rociar la corteza del árbol, favoreciendo la aparición de enfermedades y podredumbre. En cambio, los micro aspersores vienen con deflectores que dan al chorro de agua una trayectoria descendente. Esto es especialmente útil para los árboles jóvenes. Sin embargo, a medida que el árbol madura, el deflector puede retirarse, permitiendo una pulverización completa.

Veamos algunos pros y contras del uso de un micro aspersor:

Ventajas

- Cubre una gran superficie, alcanzando la zona radicular.
- Utiliza grandes volúmenes de agua, acortando los ciclos de riego.
- Previene los daños por heladas.
- Ofrece deflectores para mantener la corteza seca.

- Fácil de instalar.

Desventajas

- Utiliza una gran cantidad de agua.
- Es propenso a que los insectos hagan nidos en sus hiladores.

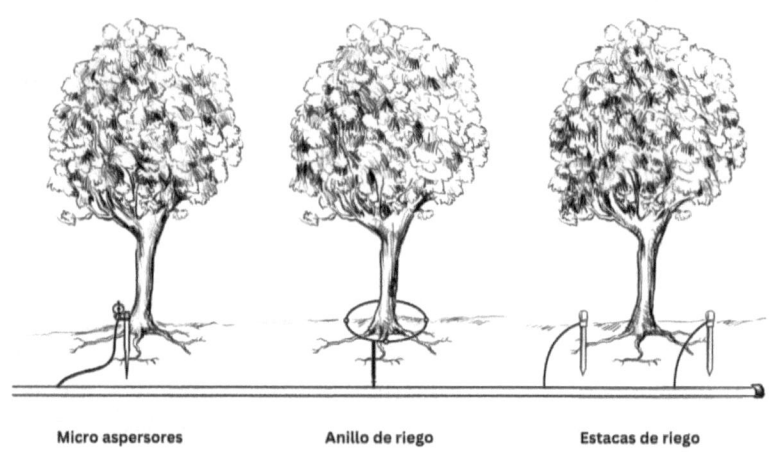

Figura 9: Diferentes métodos de riego de huertos

Anillo de riego
___

Los anillos de riego consisten en líneas de goteo dispuestas en forma de anillo alrededor del árbol. Suelen considerarse una opción más eficiente, desde el punto de vista hídrico, que los micro aspersores y los aspersores tradicionales. El agua viaja por el suelo a través de emisores, llegando directamente a las plantas. El agua se absorbe profundamente en el suelo por capilaridad, cubriendo la zona radicular y satisfaciendo las necesidades de humedad del árbol.

Veamos algunos pros y contras de utilizar un anillo de riego:

Ventajas

- Proporciona agua a todos los lados de la zona radicular
- Suministra humedad directamente al suelo sin pérdidas por evaporación o escorrentía

- Ofrece una variedad de tamaños de anillos para diferentes árboles
- Mucho más económico que las otras opciones

Desventajas
- No proporciona una cobertura suficiente en suelos arenosos
- Requiere más tiempo de instalación
- Puede dañarse con las herramientas al trabajar el jardín

Estacas de riego

Un método estupendo para conseguir un riego profundo es instalar estacas de riego. Las hay de varios tamaños y se introducen en el suelo cerca de la zona radicular del árbol. Las estacas tienen un filtro interno que impide la entrada de piedras pequeñas, plagas, suciedad y residuos. Aunque su uso no está tan común como el de los otros dos métodos, son especialmente útiles para regar árboles grandes y viejos.

Un emisor de goteo, micro tubos sin tapón y mangueras de jardín son todas opciones para suministrar agua a las estacas. Para ello, tendrás que colocar la manguera, el tubo o el emisor sobre la estaca, levantar el tapón, abrir el suministro de agua y asegurar el tapón.

Veamos algunos pros y contras del uso de una estaca de riego.

Ventajas
- Proporciona un riego profundo y exhaustivo
- Airea el suelo
- Duradero
- Funciona con una amplia variedad de tamaños de árboles
- Pierde muy poca agua por evaporación o escorrentía

Desventajas
- Puede ser costoso
- Requiere mucha mano de obra

- No se puede trasladar fácilmente de un lugar a otro

Nutrición de los árboles frutales

Una nutrición equilibrada es crucial para el éxito de tu huerto. Conocer los nutrientes adecuados y suministrarlos a los frutales en el momento oportuno puede marcar la diferencia. Veamos cuáles son las necesidades nutricionales de los frutales para que puedas obtener una cosecha abundante.

Elección el abono adecuado

En total, las plantas necesitan 16 nutrientes para sobrevivir. Sin embargo, es posible que sólo hayas oído hablar de tres nutrientes principales necesarios para el crecimiento de las plantas: nitrógeno (N), fósforo (P) y potasio (K). El nitrógeno ayuda al crecimiento de las hojas, el fósforo favorece el crecimiento de las raíces, mientras que el potasio es excelente para la retención de agua y el desarrollo de flores y frutos. Se pueden utilizar distintas concentraciones de N-P-K para lograr los resultados deseados. Por ejemplo, las plantas de follaje requieren una mayor concentración de nitrógeno, mientras que para las plantas de flor se necesita un mayor porcentaje de potasio. La Tabla 1 muestra los efectos de diferentes carencias de nutrientes en los frutales.

Tabla 1. Posibles problemas en los frutales debidos a concentraciones minerales excesivas o deficientes (BC Fruit Tree Production Guide, s.f.)

Nutriente	Concentración	Problema
Nitrógeno (N)	Alta	Fruta blanda, podredumbre al almacenar, color pobre, descomposición, bitter pit (manchas en la fruta)

	Baja	Frutos pequeños, mayor riesgo de daños invernales, fructificación bienal, maduración prematura
Fósforo (P)	Baja	Frutos blandos y susceptibilidad al daño a bajas temperaturas en algunas variedades
Potasio (K)	Alta	bitter pit, avería
	Baja	Falta de color y sabor, mayor riesgo de lesiones invernales y heladas primaverales
Calcio (Ca)	Baja	Pudriciones de almacenamiento, frutos fácilmente dañados, rotura, bitter pit, maduración precoz, mal aspecto visual
Magnesio (Mg)	Alta	Bitter pit, escaldadura blanda en algunos tipos
	Baja	Fruta arrugada, maduración prematura, caída antes de la cosecha
Boro (B)	Alta	Maduración precoz, caída pre cosecha, avería, brotes dañados
	Baja	Frutos pequeños y deformes, presencia de manchas de sequía, agrietamiento de los frutos, maduración precoz y caída previa a la cosecha.

A diferencia de las azaleas o los tomates que crecen en tu jardín, los frutales no necesitan abono todos los años y pueden necesitar menos abono cada año. Para averiguar cuánto alimento necesitan realmente tus frutales, debes calcular su ritmo de crecimiento medio. Busca el anillo de crecimiento de una rama, que es la zona donde el árbol empezó a crecer el año anterior. El crecimiento del árbol en el año en curso puede verse fácilmente donde el color de la corteza se vuelve más claro.

Mide la distancia entre el nuevo crecimiento y la punta de la rama en al menos seis ramas diferentes. Suma las medidas y divídelas por seis para calcular el crecimiento medio anual del árbol. Repite el proceso para cada árbol. Comprueba ahora el gráfico 5, que muestra el crecimiento medio de los árboles frutales. Si tus mediciones se sitúan en el medio o cerca del extremo inferior de tu tipo de árbol, entonces deberías ir a buscar la bolsa de fertilizante para reponer el contenido de nutrientes de tu suelo. Sin embargo, si la medición se inclina hacia el extremo superior, puedes estar tranquilo hasta la próxima primavera, porque tus árboles tienen todos los nutrientes que necesitan.

Por ejemplo, seis ramas diferentes en mi duraznero muestran un crecimiento de 12 (30.48 cm), 16 (40.64 cm), 19 (48.26 cm), 17 (43.18 cm), 14 (35.56 cm) y 15 pulgadas (38.1 cm). Sumándolas me da 93 pulgadas (236.22 cm). Cuando divido este número por 6, obtengo 15.5 pulgadas (39.37 cm). Si divido este número entre 6, obtengo 15,5 pulgadas (39.37 cm). Si observo la tabla, mi medida se sitúa en el extremo inferior, lo que significa que ha llegado el momento de dar a mi duraznero una generosa dosis de fertilizante. Recuerda que sobrealimentar los árboles frutales puede provocar un crecimiento rápido que debilite el árbol, minando su energía e impidiendo que produzca fruta.

Gráfico 5: Estado del árbol en función de la tasa media de crecimiento.

Árboles jóvenes (sin frutos)	Cereza ácida: 12" - 14" (30-35cm)
	Durazno y nectarina: 18" - 24" (45-60cm)
	Manzana y pera: 18" - 30" (45-75cm)
	Ciruela, cereza dulce y albaricoque: 22" - 36" (56-91 cm)

Árboles maduros (con frutos)	Durazno y nectarina: 18" - 24" (45-60cm)
	Espuela - Manzana de rodamiento: 6" - 10" (15-25cm)
	Manzana y pera sin espumar: 18"- 30" (45-75cm)
	Ciruela y damasco: 8" (20 cm)

Existen dos tipos principales de fertilizantes: inorgánicos y orgánicos. Los fertilizantes inorgánicos consisten en nutrientes minerales preparados en una refinería. Estos fertilizantes suelen tener un precio razonable y se fabrican para su aplicación inmediata. El porcentaje de los tres macronutrientes N-P-K se menciona claramente en las bolsas de fertilizante. Por otro lado, los abonos orgánicos contienen materia orgánica en forma de estiércol o compost que debe ser descompuesta por microorganismos para liberar nutrientes, que luego son absorbidos por las raíces de las plantas. Por lo tanto, los nutrientes presentes en los abonos orgánicos no están fácilmente disponibles para las plantas como lo están en los abonos sintéticos solubles.

El uso de abonos o fertilizantes orgánicos tiene varias ventajas, como la liberación gradual de nutrientes, que garantiza el suministro durante toda la temporada. Al permanecer insolubles, la pérdida de nutrientes al medio ambiente es mínima y el riesgo de que las plantas sufran daños por la sal es bajo. Además, la adición de materia orgánica mejora la salud del suelo al aumentar su capacidad de retención de agua y estimular la actividad microbiana.

Veamos algunos ejemplos de abonos orgánicos y su composición.

Harina de sangre (NPK: 13.25-1-0.6)

Este polvo seco tiene la mayor fuente orgánica de nitrógeno y ofrece la ventaja añadida de ahuyentar a ciervos, conejos y zorrillos.

Harina de soja (NPK: 7-2-0)

Se trata de un abono rico en nitrógeno con trazas de fósforo y calcio.

Harina de semilla de algodón (NPK: 6-0-4)

Es una gran fuente de nitrógeno, favorece el crecimiento de bacterias beneficiosas del suelo y acidifica ligeramente la tierra.

Harina de plumas (NPK: 13-0-0)

Ampliamente considerada la segunda mejor fuente orgánica de nitrógeno, contiene la proteína queratina, que libera lentamente nitrógeno en el suelo.

Harina de alfalfa (NPK: 3-2-3)

Se trata de otra fuente de nitrógeno de liberación lenta.

Harina de huesos (NPK: 3-15-0)

Esto añade fósforo esencial al suelo, favoreciendo el desarrollo de raíces, tallos, flores y frutos.

Arena verde (NPK: 0-0-3)

Se trata de un mineral natural que complementa el potasio del suelo y también actúa como acondicionador del suelo.

Compost y harina de algas Kelp

Los frutales también necesitan una amplia gama de macro/micronutrientes y oligoelementos para un crecimiento óptimo. El compost y la harina de algas son excelentes opciones para aportar estos nutrientes a los frutales.

Guía paso a paso para fertilizar los árboles frutales

Aplicar fertilizante puede parecer bastante sencillo; sin embargo, puedes maximizar los beneficios siguiendo una sencilla lista de comprobación. Aquí tienes una guía paso a paso para fertilizar tu huerto:

1. Realiza un análisis del suelo para determinar la concentración de nutrientes (consulta la sección 1.1 del capítulo 1).
2. Elije un fertilizante basado en los resultados de las pruebas para complementar los nutrientes que faltan.
3. Aplica el fertilizante en el momento adecuado, normalmente a principios de primavera o a finales de otoño.
4. Evita el contacto directo con el tronco del árbol.
5. Riega el árbol después para que la tierra absorba los nutrientes.

Compostaje

El uso de compost puede ayudar a aumentar el contenido de materia orgánica del suelo, garantizando la productividad del huerto. La adición de materia orgánica tiene múltiples beneficios, como mejorar el crecimiento de las raíces, la estructura del suelo, el almacenamiento de nutrientes, el pH del suelo y la capacidad de retención de agua. Los compost son diferentes de los estiércoles y otros residuos orgánicos, que a veces pueden provocar quemaduras en las raíces. Además, la aplicación directa de estiércoles y materia orgánica puede aumentar los contaminantes bacterianos fecales.

Lo que distingue al compost es que es materia terrosa estabilizada. Se produce mediante la descomposición de cantidades masivas de materia orgánica fresca. La actividad microbiana es el primer paso para descomponer los azúcares, almidones y proteínas, generando calor en el proceso, lo que mata bacterias fecales, patógenos, insectos y la mayoría de las semillas de malas hierbas. Una vez que se ha utilizado la mayor parte del material descompuesto, la actividad microbiana disminuye y el compost se considera estable.

El compost puede elaborarse a partir de diferentes materias primas, como estiércol, recortes de jardín, residuos de cocina, heno en mal estado, residuos de madera y restos de poda. Puedes hacer compost en casa siguiendo los pasos que se indican a continuación:

1. Coloca en capas materiales verdes húmedos, como restos de comida o podas frescas de jardín, en la base de un contenedor grande.
2. Añade ingredientes secos como hojas caídas, papel de periódico arrugado o papel triturado.
3. Tritura el material lo más finamente posible para favorecer una rápida degradación.
4. Airea la mezcla añadiendo más ingredientes secos si se humedece demasiado o empieza a oler mal.
5. Añade un poco de agua si la mezcla resulta demasiado seca en verano.

Mulching (acolchado o mantillo)

Las capas de hojas y restos en descomposición tienden a acumularse de forma natural en el suelo. Los microbios descomponen este material, enriqueciendo el suelo y mejorando la salud de las plantas. El proceso reintroduce nitrógeno y otros nutrientes en el suelo al tiempo que frena la pérdida de agua por evaporación. El mulching es la práctica de cubrir la superficie del suelo con materiales como hojas y trozos de árboles. El uso de mantillos orgánicos también puede reducir la necesidad de riegos demasiado frecuentes; sin embargo, el espesor del mantillo debe ser de al menos cinco centímetros para ralentizar la evaporación del agua.

Cuando la materia orgánica se descompone, mejora la salud general del suelo, aflojando la tierra arcillosa o compactada y añadiendo micronutrientes como el hierro. Puede ayudar a mantener las raíces calientes durante el gélido invierno y frescas durante el abrasador calor del verano. Además, atrae a las lombrices a los suelos arcillosos y evita las malas hierbas. Cada otoño, aplico una gruesa capa de mantillo a mis frutales, además de entre un quince y un cuarenta por ciento de estiércol de gallina. A una profundidad de cinco centímetros, extiendo una generosa cantidad de mantillo alrededor del perímetro de la copa del árbol, lo que se conoce como línea de goteo, procurando mantenerlo alejado del tronco para evitar la pudrición de las raíces.

Lo aprendido

Empezamos este capítulo aprendiendo vocabulario complicado sobre árboles y profundizamos en los secretos para encontrar árboles sanos. Conocimos los distintos tipos de portainjertos disponibles en los viveros y hablamos del cuándo, el dónde y el cómo plantar árboles. A estas alturas, ya conocemos el importante papel que desempeña el entutorado en la protección de los árboles jóvenes y las distintas prácticas de riego que podemos elegir para regar nuestro huerto. Hemos hablado de las necesidades nutricionales de los frutales y de los distintos fertilizantes disponibles. Por último, hemos hablado de dos prácticas muy beneficiosas: el mulching o mantillo y el compostaje.

Ahora que ya sabemos lo que hace falta para que nuestro huerto prospere, vamos a sumergirnos en otro aspecto crucial del cultivo de árboles: la poda. Así que prepara las tijeras: es hora de cortar las ramas viejas y marchitas para que tus árboles brillen.

CAPÍTULO 4

El arte de dar forma a los árboles

La formación y la poda ayudan a los árboles frutales a crecer con una forma y estructura adecuadas. Los árboles bien formados y podados producen una cosecha abundante y tienen una vida más larga. Esto se debe sobre todo a unos entramados más fuertes que soportan la producción de fruta. Mientras tanto, los árboles mal formados tienden a tener ramas erguidas, lo que provoca frecuentes roturas de ramas cuando van cargados de pesados frutos. Esto puede reducir la productividad del árbol y acortar considerablemente su vida. Otras ventajas de la poda y la formación de los árboles son unas copas abiertas que permiten la máxima penetración de la luz solar, una mayor circulación del aire, un menor riesgo de infecciones o enfermedades y unos árboles bien formados y estéticamente agradables.

Puesto que estas dos prácticas están estrechamente relacionadas, analicemos la diferencia entre formación y poda.

Formación Vs. Poda

Tradicionalmente, la poda ha sido el método preferido para mantener la forma y la estructura de los árboles frutales. Sin embargo, la formación de árboles es otra forma eficaz de conseguir el mismo resultado. Mientras que la poda implica la eliminación de partes de un árbol, la práctica de la formación dirige el crecimiento del árbol hacia una forma deseada y es un requisito previo para el desarrollo adecuado del árbol. Además, la poda se realiza sobre todo en invierno, durante el periodo de latencia. Por el contrario, la formación tiene lugar sobre todo en verano, durante un periodo de crecimiento activo.

La formación fomenta el desarrollo de una estructura arbórea fuerte, capaz de soportar frutos pesados. También ayuda a los árboles a dar fruto a una edad temprana. Por su parte, la poda reduce el tamaño del árbol, lo que hace más manejable su cuidado y recolección. También fortalece los árboles, favorece la ramificación y aumenta la producción de fruta.

Si eres nuevo en el cultivo de árboles, las diferentes terminologías utilizadas para la poda pueden parecer confusas. La figura 10 ilustra un árbol y sus distintas partes en relación con la poda. He incluido un glosario de las partes del árbol que seguramente encontrarás cuando tomes las tijeras de podar. Recuerda que algunas palabras comunes como "rama" y "brote" se utilizan indistintamente. Sin embargo, una "ramita" o "brote" se utiliza sobre todo para el crecimiento joven, mientras que "rama" y "rama principal" se utiliza para el crecimiento más viejo y maduro.

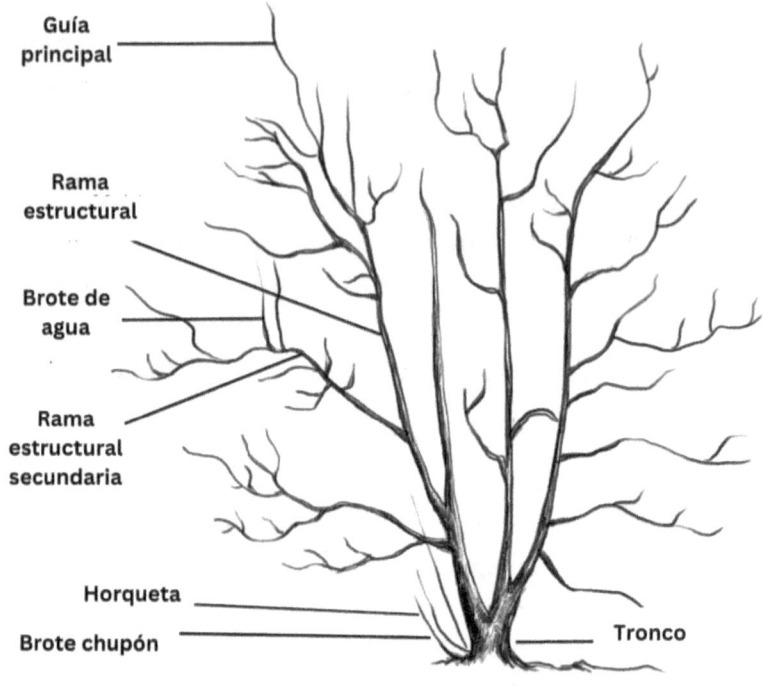

Términos comunes utilizados en la poda y formación de árboles frutales

Figura 10: Diferentes partes de un árbol

Directrices generales para la formación

- Comienza la formación durante la época de plantación.
- Poda los brotes no deseados en verano, cuando son jóvenes y de tamaño pequeño.
- Forma principalmente mediante la posición de las ramas en lugar de la poda. (Trataremos esta técnica con más detalle en el capítulo 4).
- Cumple un programa de formación de forma coherente.

Directrices generales para la poda

- Empieza por podar todos los árboles frutales y de frutos secos para que las copas estén proporcionadas con las raíces.
- Reserva la poda fuerte para los árboles maduros, sobre todo si muestran un crecimiento lento.
- Pon más énfasis a la poda en la parte superior que en las ramitas de más abajo.
- Poda después de que haya pasado la helada de principios de invierno o durante el otoño.
- Reduce los brotes que crecen al final de la rama en los árboles maduros para aumentar el tamaño y la calidad de la fruta.

¡Protege el cuello de la rama!

Al podar, es importante salvar el cuello de la rama sin utilizar selladores de heridas. Asegúrate de podar de modo que quede un tocón, como se ilustra en la figura 11.

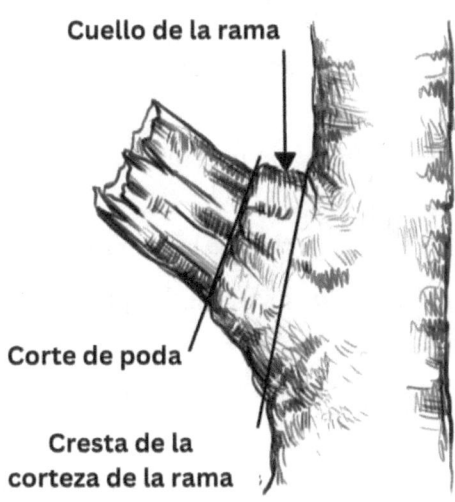

Figura 11: Cuello de rama

Debes asegurarte de que la herida no sea más grande de lo estrictamente necesario. Para ello, corta justo por fuera del cuello de la rama (el tejido elevado que se encuentra en el punto que une la base de cada rama con el árbol). Las células especializadas en esta área protegen las heridas de poda de los hongos de pudrición de la madera. Además, no hay pruebas claras de que los selladores de heridas minimicen el riesgo de que los árboles desarrollen podredumbre de la madera. Sin embargo, una formación temprana del árbol puede ayudarte a evitar grandes heridas de poda situadas en la parte baja del árbol, que pueden infectarse.

Glosario de poda

Cuello de la rama: Tejido elevado en la parte inferior de cada rama, que contiene células especializadas que protegen las heridas de poda de las infecciones fúngicas.

Ángulo de horqueta: El ángulo entre el tronco del árbol y una rama. Los ángulos de horqueta más pronunciados oscilan entre 45 y 60 grados.

Corona: La base del árbol, donde el tronco se une al suelo.

Corte de cabeza: Corte de poda que elimina una parte específica de una rama.

Rama lateral: El brote lateral de una rama, situado en un ángulo horizontal.

Guía principal: La parte superior de la rama estructural.

Rama estructural: La rama más grande que sirve de base a un árbol.

Brote: La longitud que alcanza una rama durante una temporada de crecimiento.

Tocón: Pequeña porción de rama que queda tras la poda y que siempre debe evitarse.

Brote chupón: Brote vertical que crece a partir del cepellón.

Terminal: La parte donde termina un brote.

Corte de aclareo: Corte de poda que corta una rama desde su punto de origen.

Rama vertical: Rama que crece en posición vertical.

Brote de agua: Brote que crece vertical dentro de un árbol.

Tipos de cortes de poda

Dependiendo del clima, los frutales pueden podarse durante el reposo invernal o uno o dos meses antes de la primavera. Por lo general, podar durante la época de lluvias es una pésima idea, ya que aumenta las posibilidades de infección por hongos. Para utilizar una rama como soporte permanente es necesario un ángulo de horqueta amplio y una altura de al menos dos o más pies (60 cm) desde el suelo.

El primer paso consiste en eliminar las partes muertas, dañadas o enfermas. ¿Ves una rama agrietada? Córtala. Si ves ramas con herrumbre o costras, recórtalas. Quieres que los árboles canalicen su energía hacia las ramas más sanas para obtener la mejor cosecha. Las ramas que se crucen o estén caídas también deben podarse. Elimina también cualquier brote que salga del tronco. También es importante asegurarse de cortar en ángulo en el lugar correcto, que es el lugar donde la rama se encuentra con el tronco.

Se utilizan distintos tipos de poda para conseguir diversos resultados. Veamos algunos de estos tipos.

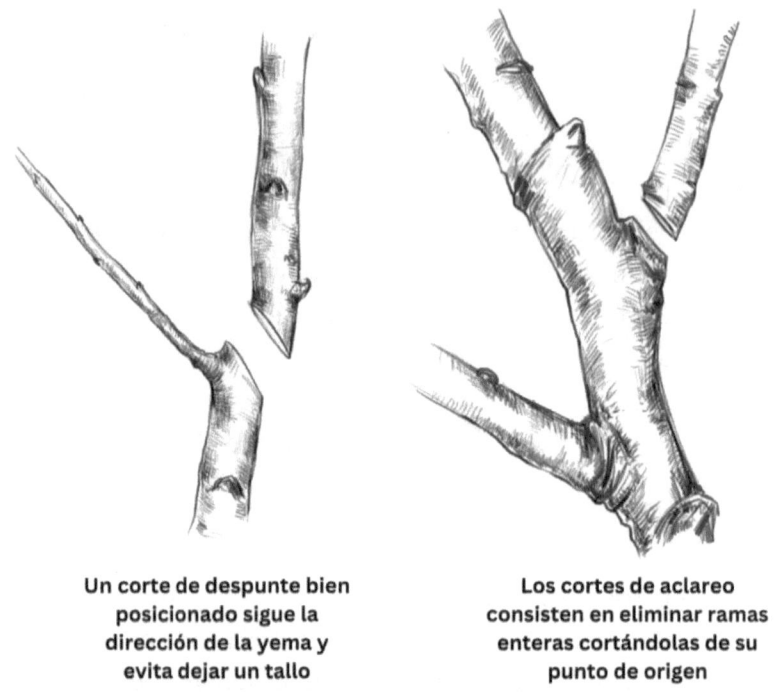

| Un corte de despunte bien posicionado sigue la dirección de la yema y evita dejar un tallo | Los cortes de aclareo consisten en eliminar ramas enteras cortándolas de su punto de origen |

Figura 12: Cortes de despunte y de aclareo.

Corte de Aclareo

La poda de aclareo elimina una rama entera, reduciéndola a un brote lateral. Este tipo de poda no vigoriza los árboles en comparación con otros cortes. Por ejemplo, en la Figura 13 las ramas que requieren un aclareo estás delineadas en gris.

En esta rama bien desarrollada, elimina los brotes adicionales hacia el extremo

Figura 13: Las ramas con el contorno gris requieren un corte de aclareo.

Corte de despunte

Este estilo de poda sólo elimina la parte terminal de una rama, fomentando el crecimiento de los brotes inferiores. Cuando las ramas laterales se acercan a la madera de un año, el lugar cercano al corte se vigoriza. La rama despuntada se hace mucho más fuerte, dando lugar a ramas secundarias laterales a una distancia de 12 a 15 pulgadas (30-38 cm). A los árboles más viejos se les puede dar forma mediante cortes de "moldeo y mantenimiento", que son cortes de despunte desvigorizantes realizados cuando la madera tiene al menos dos años. Los árboles jóvenes y las ramas sometidas a cortes de despunte se denominan "despuntados". La figura 14 ilustra los cortes de despunte.

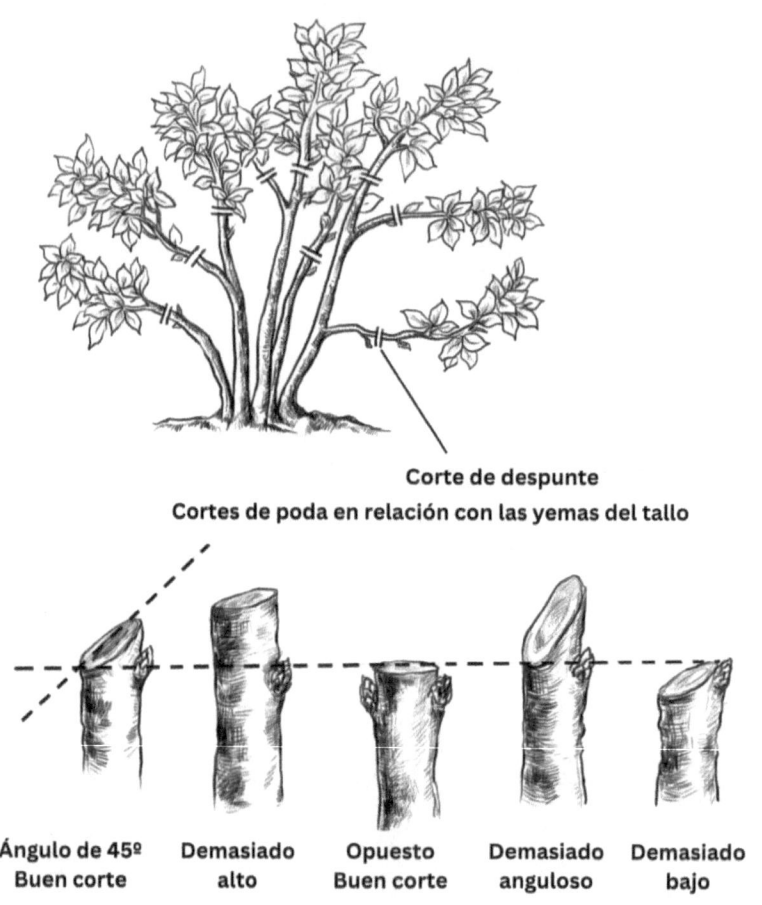

Figura 14: Diferentes tipos de cortes y ángulos de poda.

Corte de retroceso

La poda de retroceso se dirige a las ramas vigorosas y erguidas, reduciéndolas a ramas laterales de diámetro similar a la rama podada pero menos erguidas y que crecen hacia fuera. Se utilizan para abrir el centro del árbol y extender las ramas. Al podar, es importante hacer cortes limpios y afilados que cicatricen rápidamente para minimizar el riesgo de infección por enfermedades o insectos. Los cortes deben hacerse cerca de la rama adyacente sin dejar muñones. Además, los cortes horizontales deben estar ligeramente inclinados para que no se acumule agua en la herida.

Poda de centro abierto Vs. líder central

No puedes equivocarte con la poda de centro abierto. Las estructuras en forma de jarrón que se crean con este método de poda pueden resultar familiares a la mayoría de los podadores de rosales. La forma se compara a menudo con una palma abierta con los dedos extendidos.

Las frutas de carozo de crecimiento rápido, como los duraznos, las ciruelas y las nectarinas, responden bien a la poda de centro abierto. Sus ramas quebradizas no se adaptan a un líder central. Aunque en algunos casos, la poda de las ramas inferiores puede fortalecer el tronco, creando un líder central. En estos casos, los brotes superiores crecen verticalmente, transformándose en el nuevo tronco central del que salen ramas laterales. El método del líder central suele emplearse para fortalecer árboles frutales como cerezos y manzanos, favoreciendo su crecimiento. La forma de estos árboles suele parecerse a la de un árbol de Navidad o a la falda de una bailarina.

El método de poda que elijas dependerá en última instancia de cada árbol. Si las ramas verticales se mantienen verticales por mucho que lo intentes, es posible que tu árbol necesite una rama central. Cuando los árboles están destinados a mantenerse pequeños, la elección entre un centro abierto o un líder central se reduce a una cuestión de estilo más que de sustancia. Trataremos ambos métodos con más detalle en la sección 4.2. Los árboles tardan cuatro inviernos en adoptar una formación de líder central.

La figura 15 muestra diferentes etapas de crecimiento de un árbol. La **A** representa un árbol durante su primer invierno tras la plantación. En esta fase, poda los brotes más vigorosos de la parte superior si superan los 60 cm de longitud para fomentar la ramificación. **B, C** y **D** representan los tres inviernos siguientes. Repite el proceso de poda cada año para evitar que las ramas laterales se vuelvan dominantes y fomentar la formación de líderes centrales.

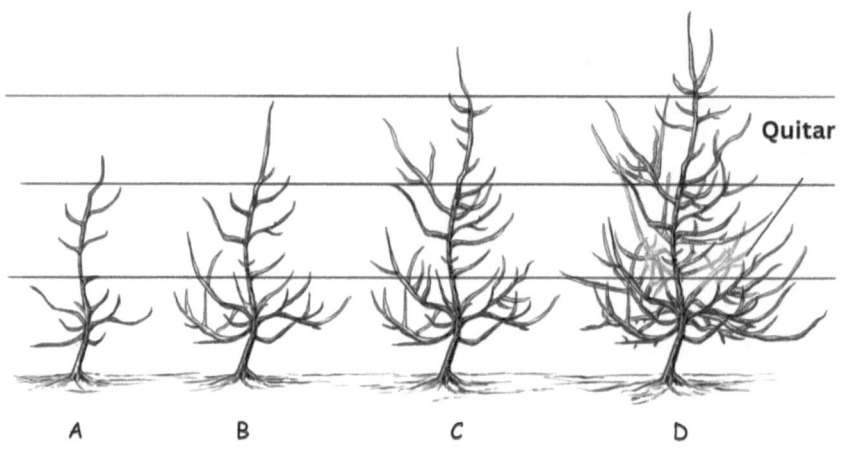

Figura 15: Diferentes etapas del desarrollo de los árboles.

Guía de poda paso a paso

La primera primavera tras la poda drástica de tus árboles es crucial, ya que es cuando el árbol sale del letargo y brota por debajo de los cortes de poda. Las tres o cuatro yemas superiores no tardarán en convertirse en ramas estructurales o de soporte en verano. Estos son los pasos que debes seguir durante la primera temporada de primavera y verano:

1. **Reduce los brotes de varias hojas a un brote en cada rama.** Utiliza los dedos para romper las múltiples yemas que brotan de un único nudo de la hoja, dejando sólo una. Realiza esta operación en marzo o abril y vuelve a podar el árbol en junio.

2. **Elimina los chupones de los portainjertos.** Corta los brotes que salen en el injerto o por debajo de éste. Los brotes que salen de los portainjertos minan la energía de la planta al desviar recursos del injerto. Además, las ramas que salen de los portainjertos no producen frutos de calidad.

3. **Reconsidera la estructura actual.** A principios del verano, las ramas jóvenes empezarán a adquirir fuerza. Lo ideal es que los brotes superiores se conviertan en soportes bien formados y que el árbol joven desarrolle tres o cuatro ramas espaciadas uniformemente alrededor del tronco. Sin embargo, si las ramas se rompen o las yemas superiores se vuelven inactivas, tendrás que hacer una poda limpia de 45 grados cerca de la yema superior de ramificación. Este corte se convertirá en la horqueta del árbol. Puedes aprovechar este momento para preguntarte si el corte que has hecho ha sido lo suficientemente bajo y plantearte bajar la estructura para que el árbol sea más bajo y tenga más ramas bajas. Si te atrae la idea de una estructura más baja, haz otro corte limpio en un ángulo de 45 grados.

4. **Piensa en la disposición de las futuras ramas de principales o de soporte.** Elimina una o dos ramas que crezcan demasiado cerca unas de otras. Deja los brotes que surgen por encima del injerto aunque sean bajos, ya que pertenecen al injerto y darán fruto. Durante la poda, mantén las ramas angulosas y elimina las que son demasiado horizontales o verticales. Esto se debe a que a unos 45 grados una rama es lo suficientemente horizontal para dar fruto y lo suficientemente angulada para soportar su peso.

5. **Acorta las ramas.** Elimina las ramas sobrantes, reduciendo las ramas restantes al menos a la mitad dejándolas en un brote que apunte en la dirección que deseas que crezca la rama.

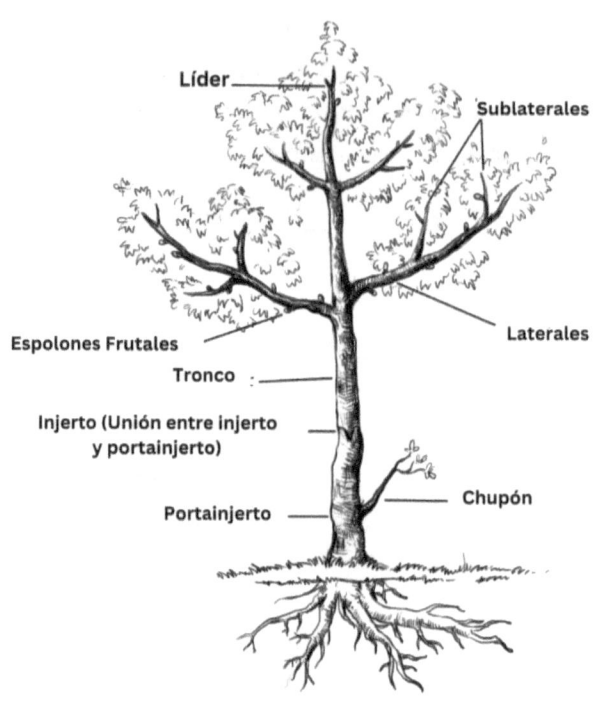

Figura 16: Términos habituales de la poda.

Formación de los árboles

¿Qué forma debes elegir para formar tus árboles frutales? Aunque no hay una respuesta definitiva a esta pregunta, existen múltiples formas de formación entre las que elegir. En este libro, nos centraremos en los sistemas de conducción central y de centro abierto. Independientemente del sistema de formación y poda que elijas, recuerda que el objetivo es ayudar a maximizar la longevidad, productividad y calidad de la fruta de tus árboles.

Formación de centro abierto

El primer invierno después de plantar tu árbol, selecciona tres o cuatro ramas de la rama principal de soporte. Poda las demás ramas para que no haya ramas que compitan con ellas, o despúntalas cortando entre una cuarta y una tercera parte de su longitud. Tras eliminar las ramas grandes, corta la rama de la parte inferior del centro y, a continuación, realiza el corte superior. Asegúrate de no dejar muñones. Mantén los árboles pequeños podándolos moderadamente cada año.

Un árbol tarda un total de cuatro inviernos en alcanzar la formación de centro abierto. La figura 17 representa un árbol a través de diferentes etapas de crecimiento. **A** muestra un árbol durante su primer invierno. Como ya se ha mencionado, selecciona tres o cuatro brotes y poda el resto. Las ramas que hayas seleccionado formarán la rama soporte o estructural y deben estar separadas al menos por ocho pulgadas. **B** representa el segundo invierno. Elije una o dos ramas más en este punto y poda el resto. La selección de la estructura suele terminar en el tercer invierno, como se muestra en **C**. Por último, **D** muestra una formación de centro abierto con cuatro ramas principales distribuidas uniformemente alrededor del tronco.

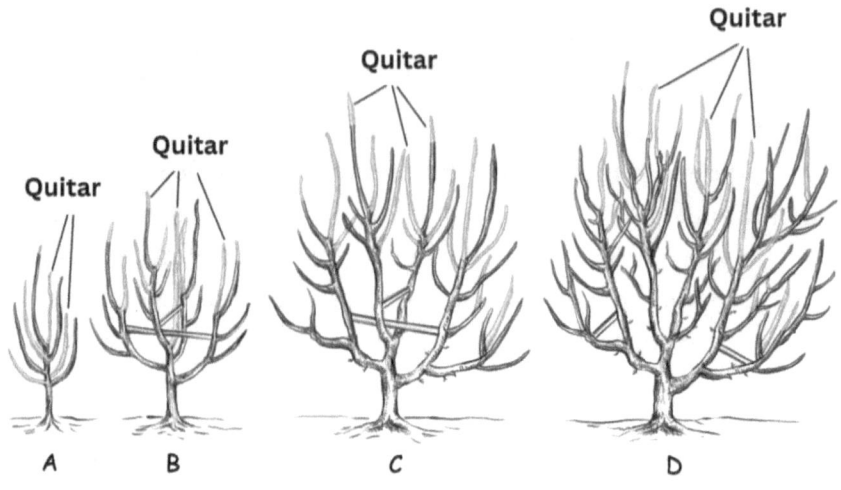

Figura 17: Poda de árboles en distintas fases de crecimiento.

Formación de Líder central

Puedes despuntar árboles con ramas escasas a una altura de 24 a 30 pulgadas sobre el suelo (50-80 cm). La formación de líder central requiere elegir una rama fuerte cerca del centro. En primavera o a principios de verano, corta los brotes cercanos a la rama principal que puedan competir con ella. Durante el invierno, cuando el árbol esté inactivo, corta un tercio de la rama líder y elimina las ramas que compitan con ella. Cada año, poda el árbol para deshacerte de las ramas erguidas y fomentar las ramas extendidas.

Repite el proceso anterior en las dos temporadas siguientes, para que no haya ramas laterales que puedan competir con el líder central. Las variedades de manzanas enanas con ramas naturalmente muy angulosas, como la Liberty, no necesitarán despunte ni extensión; sin embargo, las que tienen ángulos estrechos o las ramas verticales, como la Delicious y la Newton's Will, si lo necesitarán.

Formación en espaldera

La formación en espaldera favorece que los árboles se desarrollen sólo en dos dimensiones. Puedes utilizarla en tu huerto casero para ahorrar espacio y hacerlo más estético. La técnica crea árboles más fáciles de cosechar, podar y fumigar contra las plagas. Este método permite cultivar manzanos enanos sobre postes o enrejados de alambre en setos. Los postes pueden estar a una altura de entre dos y tres metros del suelo. Aunque los postes tratados suelen ser los mejores, también pueden servir postes de cedro de cuatro por cuatro sin tratar.

Empieza clavando dos postes. Clava los postes varios metros en el suelo en ángulos opuestos. Toma alambre galvanizado de calibre 12 y ata el tronco principal. La parte más baja del alambre debe estar al menos a metro y medio del suelo. Utiliza lazos grandes que permitan que el tronco crezca. Los troncos de árboles sujetos a los alambres de espaldera con grapas de caja de ⅝ pulgadas se injertarán al alambre y no se estrangularán.

Si cada árbol tiene sus propios postes individuales, asegúrate de que alcancen una altura de seis pies (1.80 m) sobre el suelo y clávalos a dos pies en la tierra. El diámetro de los postes de madera debe ser de cinco centímetros o más. Durante la formación del árbol, elige los brotes que se convertirán en ramas a la altura correcta y poda el árbol por encima de ellos. A medida que aparezcan los nuevos brotes, fíjalos a los alambres de formación. La figura 18 muestra el aspecto de la formación en espaldera.

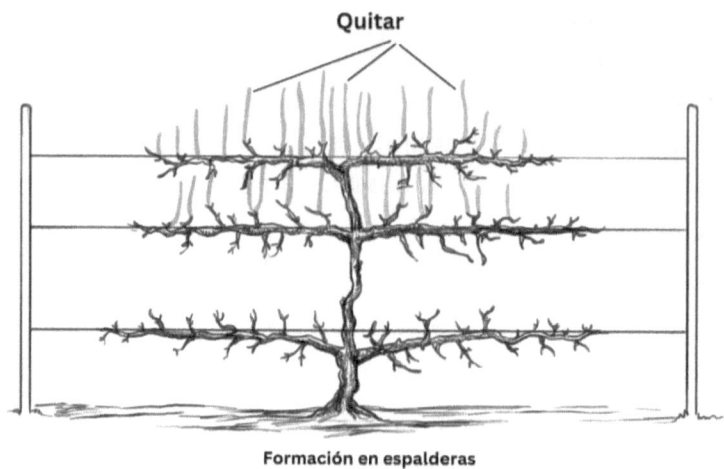

Figura 18: Árboles frutales en formación en espaldera.

Palmeta

La palmeta es un patrón de formación en espaldera. Permite desarrollar primero las ramas más bajas en un ángulo de 30 grados. Gradualmente, el ángulo se amplía hasta 45-50 grados una vez que las ramas alcanzan la longitud deseada. Llegados a este punto, los jardineros deben dirigir la rama líder o central. Desarrolla las ramas situadas en lo alto del árbol manteniéndolas cortas y más separadas que la de abajo. Una distancia de 18 pulgadas (46 cm) entre las ramas es ideal. La figura 19 ilustra el patrón de palmeta en la formación en espaldera.

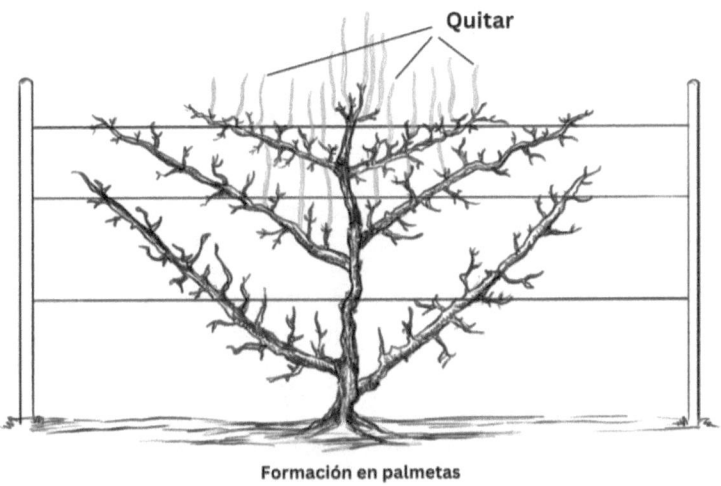

Figura 19: Formación en palmetas de árboles frutales

Dar vida a los árboles viejos

Deshacerse de las partes viejas y enfermas favorece un nuevo crecimiento. Si el tronco está sano, sin agujeros ni el centro podrido, tienes una oportunidad de salvarlo. La poda puede ser una buena forma de rejuvenecer los árboles moribundos. Si por casualidad encuentras árboles viejos y abandonados en tu propiedad, aquí tienes algunas preguntas que debes hacerte antes de iniciar el proceso de restauración:

- ¿Parece sano y con daños mínimos?
- ¿Produce los frutos deseados?
- ¿Encaja su ubicación en tu plan de jardín?
- ¿Puedes mantenerlo pequeño y en buen estado?

- ¿Serás capaz de cuidarlo adecuadamente, si se mantiene grande?

Los árboles viejos y olvidados tienden a convertirse en el hogar de insectos y enfermedades, que pueden propagarse a otros árboles. Si te has propuesto restaurar tu viejo frutal, aquí tienes los pasos que debes seguir:

1. Realiza una poda fuerte y correctiva cuando el árbol esté inactivo.

2. Remodela el árbol durante el primer año. Acórtalo de seis a ocho pies (1.80 a 2.50), si mide más de seis pies (1.80 m).

3. Corta las ramas principales de soporte.

4. Poda el tercio superior del árbol, deshaciéndote de las ramas muertas, cruzadas y colgantes.

5. Elimina los brotes superiores vigorosos durante el verano del año siguiente.

6. Deja algunas ramas menores en la parte inferior del tronco que no den demasiada sombra. Esto animará al árbol a producir nueva madera frutal.

7. Recorta la mitad de las ramas nuevas de la parte superior en el tercer año. Busca brotes que crezcan cerca de los fuertes cortes de poda anteriores.

8. Retira primero los brotes más fuertes.

9. Da forma al árbol durante el tercer periodo de latencia y acórtalo uno o dos pies (30-60 cm).

10. Extiende la madera recién formada, asegurándote de que todas las ramas sean fácilmente accesibles para podar, pulverizar y cosechar.

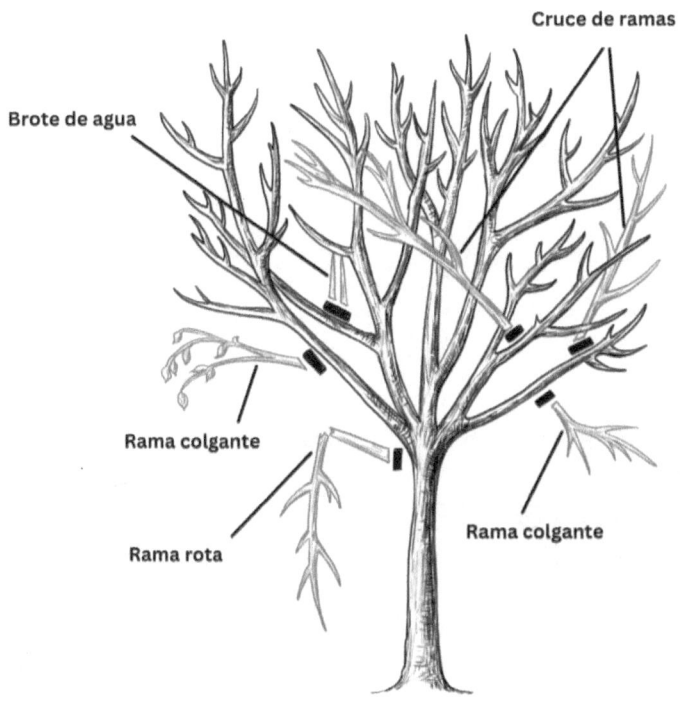

Figura 20: Rejuvenecimiento de árboles viejos mediante la poda.

Lo aprendido

La poda es una forma excelente de mantener los árboles sanos y mejorar la producción de fruta. Combinada con la formación, garantiza una distribución máxima de la luz solar, una mejor circulación del aire y una mayor resistencia de los árboles. Hablamos de los distintos métodos de formación de árboles y de los diferentes tipos de poda. Por último, hemos aprendido a utilizar las técnicas de poda para restaurar árboles viejos. Ahora que hemos cubierto los aspectos básicos de la formación de árboles, pasemos a las plagas y enfermedades que podrían suponer una amenaza para tu huerto.

CAPÍTULO 5

Gestión ecológica de plagas y enfermedades

Las plantas sanas son lo bastante fuertes como para protegerse de posibles problemas. Si satisfaces las necesidades básicas de tus plantas, eliges variedades adaptadas a tu clima y atajas los problemas de raíz, podrás crear un huerto que se autocorrija.

Pasos para mantener un huerto sano

Mantener un jardín sano requiere un buen nivel de cuidado y observación. Aquí tienes algunos pasos para que tu jardín funcione a un nivel óptimo.

1. **Mantente alerta a los insectos:** Inspecciona periódicamente tus plantas en busca de plagas o insectos. Marchitamiento, agujeros o picaduras en las hojas, manchas descoloridas, caída de hojas, hojas amarillentas o ramas caídas son algunos indicios de que tu árbol podría estar luchando contra un invasor extraño.

2. **Poda la parte dañada o enferma:** La poda oportuna de las ramas heridas o enfermas puede limitar la propagación de

enfermedades y evitar que los problemas se multipliquen. Las ramas heridas pueden infectarse durante el invierno. Como el árbol está inactivo, la enfermedad o plaga puede establecerse fácilmente, creando graves problemas durante la primavera.

3. **Riega adecuadamente:** La mayoría de los patógenos prosperan en ambientes cálidos, húmedos y oscuros. Elegir métodos de riego que limiten la retención de humedad en el follaje, como las mangueras de remojo y el riego por goteo, puede ayudar a evitarlo. Mientras tanto, un suelo que drene bien puede proteger aún más las raíces de los hongos que pudren las raíces.

4. **Mantén el contenido de nutrientes del suelo:** Los árboles bien alimentados y con acceso a todos los nutrientes necesarios para su crecimiento están en mejores condiciones de combatir las enfermedades. La adición de estiércol, compost y la plantación de más cultivos de cobertura pueden ayudar a mejorar el contenido de nutrientes del suelo. Labrar el suelo una vez al año o cada dos años también puede ayudar a romper la compactación, facilitando a las plantas la absorción de agua y nutrientes.

5. **Utiliza residuos de jardín completamente compostados:** Los materiales utilizados en una pila de compost no se descomponen al mismo ritmo. Aunque las altas temperaturas generadas durante el compostaje matan las bacterias y otros patógenos, un compostaje inadecuado o incompleto puede introducir restos vegetales infectados en el suelo.

Afrontar los problemas

Algunos problemas surgen debido al clima cambiante. Algunas plantas son más sensibles a determinadas plagas y enfermedades. Un jardinero atento detecta los problemas en sus primeras fases y toma medidas correctoras para evitar daños futuros. Es importante recordar que los insectos y las enfermedades son oportunistas y atacan a las plantas en peligro. Las plantas sometidas a estrés por haber sido colocadas en un lugar inadecuado o no haber recibido los cuidados adecuados corren un mayor riesgo de desarrollar problemas.

Los árboles frutales de edad avanzada, estresados por el sol o la sequía, pueden infectarse con barrenadores. Estos pequeños insectos excavan túneles en la corteza, minan la energía de los árboles y acaban matándolos. Mientras tanto, los pulgones se dan un festín con los suculentos brotes nuevos. Los ciruelos, cerezos y damascos son propensos a desarrollar gomosis, una enfermedad comúnmente conocida como "savia llorona", debido al encharcamiento del suelo. Los árboles que reciben más sombra de la necesaria se ven afectados por el moho. El tizón bacteriano es una enfermedad bacteriana común que afecta a las variedades de manzana. Entra a través de las flores y hace que el árbol se marchite. Las fluctuaciones de temperatura aumentan las posibilidades de que se desarrolle esta enfermedad.

Aunque algunas plagas pueden causar daños importantes, no es necesario que tu jardín esté totalmente libre de ellas. Puede sonar contradictorio, pero un nivel moderado de insectos y plagas en el jardín contribuye a su salud general. Por ejemplo, una leve infestación de mosca blanca en los cítricos atrae a la avispa Encarsia, que evita que se propague. En mi opinión, confiar en los sistemas naturales es la mejor forma de prevenir enfermedades a largo plazo y mantener la salud del huerto.

Por lo general, los brotes menores de enfermedades causan poco daño y se resuelven por sí solos cuando el tiempo se vuelve más agradable. Además, las partes enfermas o infectadas pueden podarse fácilmente, fomentando un nuevo crecimiento. El uso de plaguicidas químicos mata indiscriminadamente a los insectos beneficiosos, lo que provoca más problemas en el futuro. Si crees que un árbol concreto de tu jardín no está bien, aquí tienes algunas medidas que puedes tomar para devolverle la salud:

1. Evalúa los daños y poda las ramas afectadas.

2. Elabora una lista de comprobación para hacer un seguimiento de los daños y calibrar si el problema se estabiliza o empeora.

3. Pregúntate si las condiciones ambientales (sequía, clima o demasiada sombra) son las culpables.

4. Busca los requisitos esenciales del árbol (agua, luz solar, nutrición) y pregúntate si tiene carencias en algún aspecto. Reajusta tu método de cultivo y comprueba si la situación mejora.

5. Busca signos de plagas si la salud del árbol sigue deteriorándose.

En caso de infestación por plagas, hay varios métodos, físicos, biológicos o químicos, que puedes utilizar para controlar la situación. Veamos algunos de ellos.

Controles físicos

Los métodos mecánicos de control eliminan las plagas normalmente sin alterar los ecosistemas beneficiosos. Entre ellos se incluyen el laboreo para suprimir el crecimiento de malas hierbas, la eliminación de malas hierbas por arranque, la poda de partes de plantas infectadas, la instalación de barreras y trampas, la adición de mantillo y la eliminación manual de insectos o cancros.

Controles biológicos

Se trata de utilizar enemigos naturales para disuadir a las poblaciones de plagas. El uso de controles biológicos es la base de la gestión integrada de plagas (GIP). Cada insecto o plaga tiene un depredador natural. Hacerlos partícipes del ecosistema de tu jardín te permite regular las poblaciones de plagas. Por ejemplo, en 2007, la polilla marrón clara de la manzana causó importantes daños en los cultivos de California. Además de otros métodos, los investigadores intentaron aumentar las poblaciones de mariquitas y crisopas de la zona. Veamos algunos ejemplos de controles biológicos.

- **Artrópodos depredadores**

Son los insectos beneficiosos de tu jardín. Arañas, escarabajos, crisopas y algunos ácaros depredadores se alimentan de una amplia gama de plagas como trips, moscas blancas, pulgones y otros organismos de cuerpo blando.

- **Nematodos parásitos**

Los parasitoides son insectos que ponen huevos en el interior de un hospedador. Sus larvas se alimentan del huésped y acaban matándolo. Se dirigen a poblaciones específicas de insectos, evitando afectar a otras. Por ejemplo, los nematodos incoloros pueden utilizarse para regular las poblaciones de orugas, larvas, gusanos cortadores, trips, barrenadores de la corona, mosquitos, escarabajos y mosquitos de los hongos.

Controles químicos

Los plaguicidas son sustancias químicas que hacen que el hábitat sea letalmente tóxico, matando grandes cantidades de insectos y plagas potencialmente dañinos. Se clasifican en función de las plagas que atacan, como insecticidas, fungicidas y bactericidas. A su vez, pueden dividirse en sintéticos (diseñados en laboratorios) u orgánicos (de origen natural).

Plaguicidas inorgánicos y orgánicos

A la hora de elegir controles químicos, lo mejor es probar primero la opción menos tóxica. Puede ser algo tan sencillo como eliminar a mano las plagas o insectos, si es posible. Aquí tienes algunas opciones entre las que elegir para mantener tu huerto próspero:

Plaguicidas inorgánicos

- **Tierra de diatomeas (TD)**

La TD es otra excelente opción que contiene sílice. Se comercializa en forma de polvo, que puede espolvorearse o pulverizarse sobre las plantas. Extrae las grasas y aceites del exoesqueleto del insecto, secándolo y matándolo eficazmente. Una ventaja de la TD es que permanece activa durante mucho tiempo, protegiendo a las plantas de futuros ataques.

- **Bicarbonato potásico**

Suele combinarse con aceite hortícola y otros aditivos para aumentar su difusión. Puedes prepararlo fácilmente por tu cuenta o comprarlo en el mercado. Pulveriza cuando detectes los primeros signos de la enfermedad para limitar su propagación o como medida de precaución para evitar problemas. Los bicarbonatos en la solución crean un entorno altamente alcalino, suprimiendo el crecimiento de hongos. Existe la posibilidad de que se produzcan quemaduras en las hojas tras la aplicación, sobre todo con luz solar intensa.

- **Neonicotinoides**

Los neonicotinoides son una clase de insecticidas sintéticos diseñados como alternativa más selectiva y menos tóxica a los pesticidas tradicionales. Los neonicotinoides actúan sobre el sistema nervioso de los insectos uniéndose a los receptores nicotínicos de acetilcolina y provocan su parálisis y muerte. Son eficaces contra un amplio espectro de plagas.

Sin embargo, su uso ha suscitado gran preocupación medioambiental, sobre todo por su impacto en polinizadores como las abejas. En algunas regiones se han impuesto restricciones o prohibiciones, lo que ha llevado a reevaluar el uso de neonicotinoides en favor de estrategias más sostenibles de gestión integrada de plagas que tengan en cuenta los posibles riesgos para los organismos no objetivo y atiendan al mismo tiempo a las necesidades de control de plagas.

- **Organofosfatos**

Los organofosforados son una clase de plaguicidas sintéticos ampliamente utilizados para el control de insectos en la agricultura y la gestión de plagas. Incluyen el malatión, el diazinón y el clorpirifós, que inhiben la actividad de la colinesterasa, una enzima esencial en el sistema nervioso de los insectos. Al alterar la neurotransmisión, los organofosforados provocan la acumulación de acetilcolina, lo que da lugar a la sobreestimulación de las células nerviosas y, finalmente, a la parálisis de las plagas objetivo.

A pesar de su eficacia en el control de un amplio espectro de insectos, los organofosforados están asociados a problemas medioambientales y sanitarios. Su naturaleza no selectiva puede dañar a los insectos beneficiosos, la fauna y los organismos acuáticos, y plantean riesgos para la salud humana por exposición. Debido a estas preocupaciones, en varias regiones se han aplicado medidas reguladoras y restricciones al uso de organofosforados, fomentando la adopción de estrategias alternativas de gestión de plagas menos nocivas.

Pesticidas ecológicos

- **Bacillus Thuringiensis (Bt)**

Más de 80 especies de Bt funcionan como pesticidas que se espolvorean sobre las plantas. Funciona como un veneno estomacal cuando lo ingieren los insectos, provocándoles hambre y muerte. La bacteria se dirige a huéspedes específicos, dejando ilesos a otros animales. Los gusanos del tomate, las plagas de orugas y los gusanos del maíz son algunas de las plagas susceptibles al Bt.

Aunque es extremadamente eficaz contra una amplia gama de hospedadores, para algunos su lentitud puede ser una desventaja.

Además, la bacteria se descompone más rápidamente bajo la luz solar y a veces puede dañar a las larvas de mariposa. Leer atentamente las instrucciones de la etiqueta y evitar el uso excesivo puede mitigar los riesgos mencionados.

- **Aceite de Neem**

Compuesto de sólo dos ingredientes, azadiractina y salanina, la mezcla puede pulverizarse sobre los árboles para prevenir infestaciones de plagas. Altera las hormonas del insecto, atrofiando su crecimiento y matándolo. Aunque no es tóxico por naturaleza, se lava con la lluvia, puede causar quemaduras con la luz solar intensa y es de acción lenta.

- **Aceite hortícola**

Contiene aceite de petróleo muy refinado, se mezcla con agua y se rocía sobre los árboles. El aceite forma una capa en la superficie de las hojas, asfixiando y matando a los insectos. No es tóxico y no deja residuos. Aunque es muy eficaz contra los insectos de cuerpo blando, a veces puede causar quemaduras en las hojas.

- **Piretrinas**

Disponible en forma de polvo, este insecticida puede espolvorearse sobre las hojas para envenenar a los insectos depredadores. Es de acción rápida y baja toxicidad. Sin embargo, al ser un insecticida de amplio espectro, puede matar a una gran variedad de insectos, incluidas las abejas melíferas.

- **Sabadilla**

Contiene semillas molidas de lirio de sabadilla, disponibles comercialmente en forma de polvo fino que se utiliza como pulverizador. Es un veneno estomacal eficaz contra los insectos del orden Hemiptera, pero también puede dañar a las abejas y otros animales.

- **Rotenona**

Formado a partir de raíces de leguminosas tropicales, suele espolvorearse sobre las plantas. Su bajo efecto residual y su rápida descomposición a la luz del sol se cuentan como ventajas. Sin embargo, es un plaguicida de amplio espectro, ligeramente tóxico para el ser humano en caso de ingestión. Es mejor aplicarlo al atardecer, cuando los insectos beneficiosos, como las abejas, están menos activos.

- **Mezcla bordelesa**

Contiene sulfato de cobre y cal mezclados con agua. Se trata de un eficaz bactericida y fungicida que se ha utilizado durante décadas para controlar las enfermedades del jardín. La solución se adhiere a las plantas cuando llueve, por lo que es un excelente fungicida. Algunas enfermedades contra las que es eficaz son el fuego bacteriano de las manzanas y las peras, el mildiú velloso y polvoriento de las uvas, la mancha del pavo real de las aceitunas y el chancro del nogal.

- **Jabones insecticidas**

Contienen sales de sodio o potasio mezcladas con ácidos grasos. El jabón debe entrar en contacto directo con la plaga, permitiendo que los ácidos grasos penetren en su cubierta exterior y causen su muerte. No deja residuos y se considera una opción segura y no tóxica. Sin embargo, puede provocar quemaduras en la planta si se utiliza a altas temperaturas o se expone a la luz solar intensa. Además, no es eficaz contra plagas de escarabajos adultos de caparazón duro. Lee siempre la etiqueta antes de usar jabón insecticida para comprobar si una planta concreta es sensible a alguno de sus ingredientes.

Conoce al enemigo: plagas y enfermedades comunes

Reunamos a los sospechosos habituales y familiaricémonos con los enemigos comunes del jardín.

Pulgones

- Afectan a la mayoría de los frutales a principios de verano
- Transmiten virus
- Debes recogerlos a mano siempre que los veas
- Fomentan la población de mariquitas en tu jardín

Cancro bacteriano

- Afecta a árboles de la familia Prunus (almendros, cerezos, ciruelos, melocotoneros, manzanos, albaricoques y nectarinos).
- Aparece en forma de pequeñas manchas marrones que acaban convirtiéndose en grandes agujeros.
- Deforma las hojas, decolorándolas y marchitándolas.
- Mata las ramas y puede acabar fácilmente con el árbol
- Debes podar las zonas afectadas y quemarlas
- Utiliza fungicidas a base de cobre como la mezcla bordelesa durante el final del verano
- Repite la operación cuando comience el otoño

Marchitez de la flor

- Afecta a frutas de carozo, peras y manzanas.
- Causa flores marchitas y podridas.
- Invade los árboles a través de las hojas
- Debilita los árboles, haciéndolos susceptibles a los ataques
- Debes podar e incinerar las zonas afectadas.
- Aplica una mezcla bordelesa.

Botrytis

- Afecta a cualquier parte de los árboles, apareciendo como un moho gris y felposo.

- Ocurre debido a una mala ventilación y a condiciones de humedad.
- Puede afectar a las uvas antes de que maduren.
- Debes podar las zonas afectadas con las manos y aplicar un fungicida adecuado.

Podredumbre parda

- Crea manchas marrones, afectando a una amplia gama de árboles como perales, manzanos y frutales de carozo.
- Entra en los árboles a través de los lugares donde hay heridas.
- Debes podar y destruir las frutas o partes del árbol afectadas.

Escamas marrones

- Provoca el amarilleamiento y la muerte de las hojas.
- Causada por un pequeño insecto chupador de savia.
- Se debe tratar con pesticidas orgánicos.

Polilla de la manzana

- Daña los frutos después de que sus larvas hagan un túnel hasta el núcleo del fruto.
- Hace que el árbol sea vulnerable a otras enfermedades.
- Se pueden utilizar trampas de feromonas para capturar polillas adultas a finales de primavera.

Mancha coralina

- Afecta a frutas como los higos y las grosellas.
- Prospera en condiciones de humedad por heridas de poda.
- Aparece en forma de manchas de color rosa anaranjado en la madera muerta.
- Debes podar y destruir las partes afectadas inmediatamente después de detectar este problema.

Mildiu velloso

- Aparece como un crecimiento velloso gris en el envés y manchas amarillas en el haz de las hojas.
- Causado por una mala ventilación
- Hay que podar y quemar las hojas infectadas.
- Aplicar un pulverizador a base de azufre.

Tizón de fuego

- Ennegrece las hojas, los brotes y las flores de peras, manzanas y membrillos, dándoles un aspecto quemado.
- Debes podar 20 pulgadas (50 cm) extra por encima de la zona afectada para asegurar un crecimiento sano.
- Desinfecta las tijeras de podar inmediatamente después de podar y quema los esquejes.

Curvatura de la hoja

- Afecta a duraznos, almendras y nectarinas, distorsionando las hojas.
- Provoca la caída de las hojas, y la reducción de la fructificación.
- Se puede aplicar mezcla bordelesa como remedio.

Cochinillas

- Causada por pequeños insectos blancos que pueden aparecer en las axilas de las hojas y en el nervio central de higos, uvas y cítricos.
- Produce un residuo pegajoso en las hojas, que puede convertirse en moho oscuro.
- Se puede tratar con pulverizadores orgánicos.

Cancro Nectria

- Afecta a las manzanas, haciendo que la corteza se agriete y se pele.
- Podar las zonas afectadas y desinfectar las tijeras de podar.
- Quemar las partes enfermas y aplicar mezcla bordelesa para tratarlas.

Roya del Ciruelo

- Afecta a peras y bayas.
- Provoca ampollas de color naranja brillante en el envés de las hojas que gradualmente se vuelven marrones.
- Hay que podar e incinerar las hojas afectadas.

Sarna

- Aparece en forma de manchas marrones o verde pálido en hojas y brotes, dando lugar a frutos deformes.
- Se pueden aplicar pesticidas orgánicos como jabones insecticidas.

Avispas

- Hacen agujeros en manzanas, peras, ciruelas, fresas y frambuesas.
- Puedes instalar trampas para avispas alrededor de los árboles y cubrir las frutas a medida que maduran.

Polillas de invierno

- Dañan hojas, flores y capullos de cerezas, ciruelas y peras.
- Aplica tiras adhesivas alrededor del tronco del árbol.
- Pueden ser comidas por los pájaros y controladas de forma natural.
- Si el problema persiste, puedes rociar jabones insecticidas.

Las plantas con olores fuertes sirven como elemento disuasorio natural para las plagas. Una mezcla de hierbas y alliums puede disuadir a las plagas, y algunas incluso atraer a insectos depredadores. Las hierbas y los alliums que prosperan en zonas sombreadas ofrecen una ventaja adicional al crecer cerca del tronco del árbol, lo que aumenta la protección ¡También son muy útiles en la cocina!

Las plantas que disuaden a las plagas son: albahaca, ajo, ajedrea, eneldo, hierba gatera, tomillo, cebollas, puerros, borraja, lavanda, cebollino, melisa, hinojo, orégano, hierba luisa, hisopo, cilantro, bergamota, levístico, salvia, jengibre, cúrcuma, mejorana, anís, hierbaluisa, hierbabuena, menta piperita, romero, perifollo, estragón y perejil.

¿Cuándo se debe pulverizar?

Incluso con toda la información anterior a tu disposición, puede que te preguntes cuándo es el momento adecuado para sacar la artillería pesada. Tanto si eliges opciones naturales como sintéticas, la pulverización de plaguicidas debe considerarse preferiblemente como último recurso. Los cuadros siguientes te ayudarán a determinar el momento y el tratamiento adecuados para tus árboles en las distintas fases de crecimiento.

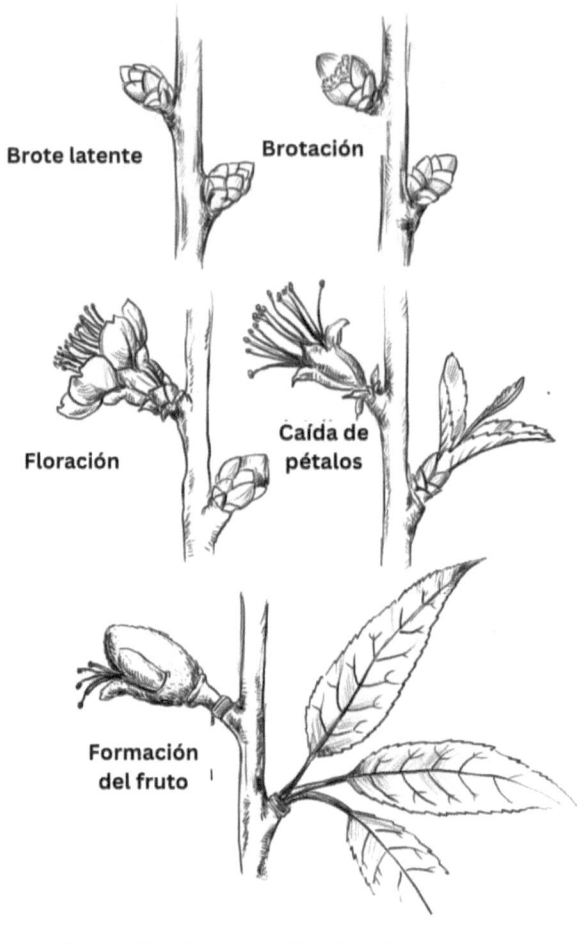

Figura 21: Etapas del desarrollo de la yema del fruto.

Cuándo fumigar tus manzanos y perales

Latente

Etapa de crecimiento: Antes de que los brotes muestren actividad a finales del invierno.

Cuando las temperaturas diurnas alcancen los 40 - 45°F termina de rociar al mediodía para asegurar un buen tiempo de secado.

Plagas objetivo: PERAL: Escamas, pulgones y ácaros invernantes.

Aerosol químico: Aceite hortícola de dormancia de tipo superior. Productos disponibles bajo diversas etiquetas. Sigue cuidadosamente las instrucciones de la etiqueta para evitar daños a las plantas.

Tasa de U.R. del 92% o superior.

¡Es bueno saberlo! Controla las plagas cuando eclosionan a principios de primavera.

Estas son las etapas más importantes y la pulverización química para el control de plagas.

Latente retrasada

Etapa de crecimiento: A finales del invierno, justo cuando los brotes empiezan a mostrar el primer tejido verde. Cuando la temperatura diurna esté entre 45 y 55 °F, sin previsión de heladas durante la noche. Termina de rociar al mediodía para asegurar un buen tiempo de secado.

Plagas objetivo: MANZANO Y PERAL: Escamas invernantes, pulgones, sarna, oídio, roya, ácaros, pulgones, enrolladores de hojas.

Aerosol químico: Aceite hortícola de dormancia de tipo superior. (Los aceites no son eficaces contra el pulgón lanígero del manzano).

¡Es bueno saberlo! Controla las plagas cuando eclosionan a principios de primavera.

Estas son las etapas más importantes y la pulverización química para el control de plagas.

Pre-floración y comienzo de floración

Etapa de crecimiento: Justo antes de que los racimos de capullos muestren algún color hasta la caída de los pétalos.

Plagas objetivo:

- Control del oídio - Aceite hortícola de verano, azufre calcáreo (Ex. Bonide Lime Sulfur)
- Incubación de plagas como cochinilla, chinche lygus, chinche apestosa, pulgón, ácaros. - Jabones insecticidas (más seguros) Cultivar insectos beneficiosos
- Alimentar a las orugas. Spinosad (Ej. Monterrey Garden Insect Spray) Bacillus thuringiensis (Ej. Fertilome Dipel Pro)

¡Es bueno saberlo! No utilices aceite de horticultura de verano si utilizas azufre de cal en cualquier época del año.

No apliques azufre calcáreo a las variedades de manzana Delicious o pera Anjou en este momento, ya que pueden producirse graves caídas de frutos más adelante. Asegúrate de que la pulverización cubre el haz y el envés de las hojas.

Floración

Etapa de crecimiento: Cuando las flores están abiertas.

Aerosol químico: Evita la aplicación de plaguicidas durante la floración para proteger a las abejas.

Primavera tardía y verano temprano

Etapa de crecimiento: A partir de 17 - 21 días después de la floración. Mantener protegido hasta agosto/mediados de septiembre.

Plagas objetivo: Reaplicar después de lluvias fuertes breves o chubascos de menor duración, luego reanudar el programa regular.

- "Picaduras" de la polilla de la manzana: entradas superficiales en la superficie de la fruta. Trata las manzanas "picadas" como fuente de polilla del manzano retirando las manzanas infectadas del árbol, sellándolas en bolsas de basura negras. Dejar al sol durante dos semanas para matar los gusanos.

  Iniciar la pulverización preventiva de los frutos 17 - 21 días después de la plena floración o 10 días después de la caída de

los pétalos. Spinosad (Ex. Monterey Garden Insect Spray) Método alternativo: Bolsas de exclusión - estas bolsas se colocan en cada fruto después de la caída de los pétalos para excluir al gusano de la manzana. Este método funciona mejor en árboles pequeños (se pueden encontrar en tiendas de suministros para huertos).
- Gusano de manzana.
  Spinosad (Ej. Monterey Garden Insect Spray) Método alternativo: Bolsas de exclusión

¡Es bueno saberlo! EL MOMENTO DE LA PULVERIZACIÓN ES CRUCIAL. La primera generación dura 6 semanas, la segunda vive otras 6 semanas. Proteja durante todo este periodo. Siga el calendario de pulverización indicado en la etiqueta.

Si no se protege la manzana, los huevos puestos por la polilla del bacalao eclosionarán y el gusano entrará en la manzana y quedará protegido de las pulverizaciones.

Después de la cosecha

Aerosol químico: QUITA TODA LA FRUTA, tanto del árbol como del suelo.

¡Es bueno saberlo! Para reducir la infestación y la propagación de plagas en los huertos comerciales

Información adicional

Lee atentamente las instrucciones de la etiqueta del producto. Lee y sigue todas las instrucciones de la etiqueta para un uso responsable de cualquier plaguicida.

Resistencia a los plaguicidas - Intercala los productos durante la temporada y en las siguientes para minimizar la resistencia de las plagas.

Pulgones - Rara vez se acumulan a niveles perjudiciales en los frutales de huertos domésticos. Lávalos con un chorro de agua de la manguera, rara vez tendrás que pulverizar. (Recopilado por Paula Dinius, horticultora urbana, WSU Chelan Country Extension. Revisado el 05/2013.)

	Cereza ácida y dulce	Durazno	Ciruela
Otoño o principios de primavera		Rizado de la hoja del durazno	
Pre-floración y comienzo de floración		Sólo Captan	
Caída de pétalos	Curculio Mancha foliar Podredumbre parda	Chinche de las plantas Podredumbre parda	Podredumbre parda (sólo fungicida)
Separación de la cáscara	Curculio Gusano de la cereza Podredumbre parda	Insectos Curculio Podredumbre parda	Curculio Mancha foliar Podredumbre parda
Principios de junio	Mancha foliar	Insectos Curculio Podredumbre parda Sarna	Curculio Mancha foliar
Coloración de las cerezas (mediados de junio)	Gusano Mancha foliar Podredumbre parda	Insectos	Curculio Mancha foliar Chinches
Principios de julio		Barrenadores del durazno	Chicharritas Chinches de las plantas Ácaros
Después de la cosecha de cerezas	Mancha foliar Ácaros		
Agosto - Septiembre		Barrenadores del durazno Podredumbre parda	Podredumbre parda (21 - 10 días antes de la maduración)
Frutas maduras		Alas drosophila con manchas	Alas drosfilia con manchas

Calendario de pulverización de frutas para el hogar - hoja de información sobre plagas: Dr. Alan T. Eaton, Especialista en Extensión, Entomología Dr. Cheryl A. Smith, Profesora/Especialista en Extensión, Salud de Plantas.

Tabla 7. Cuándo fumigar cerezos, melocotoneros y ciruelos

Protege tu huerto de huéspedes indeseados

Dependiendo de tu ubicación, es posible que tengas que enfrentarte a distintos tipos de fauna salvaje, además de a plagas e insectos. Si hay ciervos, ardillas, cuervos o charas azules merodeando por tu zona, quizás tengas que tomar medidas para proteger tu cosecha. La instalación de cercas puede mantener alejados a los animales grandes, como los ciervos. Utilizar protectores en los árboles puede evitar los daños de roedores como ratones, conejos o topos.

Los pájaros pueden ayudar a devorar una serie de insectos voladores que pueden dañar tus árboles, pero no todas las especies de aves que acuden a tu huerto son buenas noticias. Los pájaros azules se dan un festín de caracoles, orugas, larvas de insectos y polillas. Las golondrinas tienen una dieta similar y ayudan a mantener controladas las poblaciones de plagas en el huerto. Los mirlos de pecho rojo, por su parte, tienen una dieta variada y disfrutan picoteando bayas y frutas. Para proteger las frutas maduras de los pájaros hambrientos, puedes utilizar mallas de exclusión para cubrir los árboles, arbustos y matas. Atar bolsas de malla alrededor de los racimos de fruta también es una buena forma de mantenerlos intactos hasta la cosecha.

Cerco casero

Los ciervos pueden ser un verdadero incordio para los frutales jóvenes. Mordisquean las hojas verdes y tiernas, las ramas jóvenes e incluso frotan el tronco con su cornamenta. La forma más eficaz de proteger los árboles de los ciervos es instalar un cerco o valla alrededor de los frutales. Con unos pocos materiales, puedes crear un cerco para ahuyentar a los animales grandes.

Materiales necesarios

- Rollo de malla de alambre de galvanizado o malla de acero de 1.5 m x 45.7 m (5 pies x 150 pies).
- Postes en T.
- Estacas o grapas de tela para paisajismo.
- Alambre para atar o bridas.

Instrucciones

1. Desenrolla el alambre de unos 4 metros (13 pies) de longitud y córtalo.

2. Corta suficiente alambre para doblar sobre el poste en T.

3. Fija el poste en T a una distancia de 1 a 1.2 m (3.4 a 4 pies) del árbol.

4. Levanta los trozos de alambre cortados y sujeta un extremo al poste en T con alambre o bridas.

5. Rodea el árbol con el alambre, formando una estructura similar a una jaula, llevando el otro extremo al otro lado del poste en T.

6. Dobla las lengüetas largas de alambre del poste en T para fijarlo en su sitio.

7. Fija estacas o grapas de tela para jardinería en la parte inferior de la jaula de alambre.

8. Añade un segundo poste en T para mayor protección en lugares ventosos.

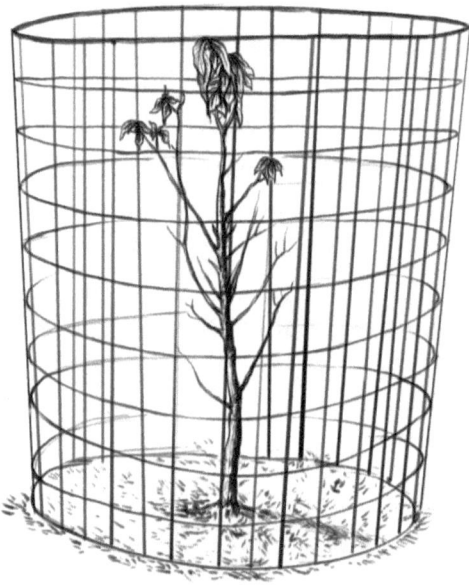

Figura 22: Valla casera para protección de ciervos.

Lo aprendido

Es inevitable que surjan problemas en el huerto, pero con la mentalidad y los cuidados adecuados puedes devolver la salud a tus árboles. Cuando empieces a cultivar frutales, te darás cuenta de que la mayoría de los problemas tienden a resolverse por sí solos con una intervención mínima. Sin embargo, si una enfermedad concreta persiste, deberás pasar gradualmente de las opciones menos tóxicas a las moderadamente tóxicas. Podar las partes afectadas será la mejor opción en la mayoría de los casos.

Si tienes la tentación de utilizar pesticidas, recuerda que existen diversas variedades no tóxicas. El uso de controles biológicos, como el fomento de insectos beneficiosos, puede prevenir diversas enfermedades a largo plazo. Además, puedes utilizar diversos tratamientos orgánicos para las plagas más frecuentes del jardín. Construir vallas, utilizar protectores de árboles y redes puede proteger tu cosecha de ciervos, roedores y pájaros.

Ahora que nos hemos aclimatado con nuestros enemigos, echemos un vistazo al maravilloso mundo de la permacultura y lo que puede ofrecernos. En el capítulo 6, hablaremos del papel de la permacultura en el diseño de bosques comestibles regenerativos.

CAPÍTULO 6

Aumenta la productividad de tu jardín

Ahora que ya dominas los conceptos básicos, vamos a dar un paso más. En este capítulo hablaremos de estrategias avanzadas para obtener los máximos beneficios de tu huerto casero. Sin más preámbulos, pasemos directamente a las técnicas para mejorar tu huerto.

Permacultura

Si has leído mis dos libros anteriores, la permacultura y sus múltiples beneficios te resultarán familiares. Si es la primera vez que te encuentras con este término, aquí tienes un breve resumen de lo que significa. La permacultura es un sistema de diseño que trata de satisfacer las necesidades humanas sin comprometer el medio ambiente. En pocas palabras, anima a los productores de alimentos a trabajar en armonía con los ecosistemas existentes en sus tierras. Incluye prácticas comúnmente observadas en la naturaleza, como la ausencia de residuos y los sistemas de circuito cerrado.

Bill Mollison, investigador australiano, acuñó el término en 1978. Es una contracción de las palabras "agricultura permanente" y "cultura permanente". Como su nombre lo indica, la permacultura pretende crear una forma de vida sostenible. Se esfuerza por crear ecosistemas agrícolas diversos, estables, resilientes y en armonía con la naturaleza.

La piedra angular de la permacultura es trabajar con la naturaleza, no contra ella. Esto sólo puede lograrse mediante la observación reflexiva en lugar de la acción impulsiva. Por ejemplo, observando tu terreno puedes aprender cómo interactúan entre sí los distintos sistemas. Esto te permite encontrar soluciones creativas a tus problemas que beneficien a los ecosistemas existentes y te ayuden a alcanzar tus objetivos.

He hablado de la permacultura y sus principios en detalle en mi primer libro, *El proyecto práctico de permacultura*. Si quieres saber más sobre la permacultura y sus aplicaciones, no dejes de leerlo. Las técnicas que trataremos en este capítulo se basan en la permacultura. Como verás a continuación, vivir en armonía con tu entorno es el eje de una jardinería eficaz.

Plantación en compañía

Las plantas, como las personas, prosperan cuando están rodeadas de amigos. La plantación en compañía consiste en cultivar varias plantas cerca unas de otras para mejorar la producción. Agrupar plantas que se beneficien mutuamente maximiza sus beneficios. Por el contrario, plantar juntas las mismas especies puede aumentar la infestación de plagas o enfermedades.

La plantación en compañía no sólo resulta beneficiosa para las plantas, sino que también ayuda a aprovechar al máximo el espacio. Además, disuade a los insectos dañinos, da sombra a las plantas más pequeñas, suprime las malas hierbas, atrae a los insectos beneficiosos y mejora la salud del suelo. Uno de los ejemplos más conocidos de la plantación en compañía es el de "Las tres hermanas", que consiste en cultivar frijoles, calabaza y maíz juntos. El maíz, la planta más alta, actúa como una espaldera natural. Da cobijo a las plantas trepadoras, guisantes y frijoles, que a su vez enriquecen el suelo con nitrógeno.

Por último, el calabacín y la calabaza dan sombra a las plantas más pequeñas de guisantes y frijoles, además de suprimir las malas hierbas. La plantación asociada con frutales también tiene muchas ventajas.

Opciones para acompañar a los árboles frutales:

Zanahoria Silvestre (Queen Anne's Lace), Bergamota, Cilantro, Tomillo, Borraja, Zinnia, Perejil, Cosmos, Eneldo, Girasoles, Aliso (Alyssum), Menta, Hinojo, Phaecelia (tanaceto púrpura).

Así como asociar plantas compatibles mejora la cosecha, emparejar especies incompatibles puede acarrear más problemas. Por ejemplo, cultivar cebollas y judías juntas podría atrofiar el crecimiento de las judías.

La solución del trébol

Imaginemos un huerto floreciente con una alfombra verde de trébol cubriendo el suelo. Estos campos de trébol no sólo aumentan la belleza del huerto, sino que también desempeñan un papel importante en el establecimiento de un ecosistema próspero. Incluir el trébol como cultivo de cobertura mejora la salud de los árboles frutales y atrae a multitud de polinizadores.

Aquí tienes algunas razones por las que deberías plantar tréboles de la suerte en tu huerto.

1. **Potencian la polinización:** Fomentan la biodiversidad atrayendo a multitud de insectos beneficiosos como abejas, mariposas y otros polinizadores diversos. Sirven como fuente adicional de alimento para las poblaciones de polinizadores, mejorando la polinización y aumentando el rendimiento de la fruta. Una población de polinizadores floreciente restablece el equilibrio del ecosistema.

2. **Fijación del nitrógeno:** Los tréboles, especialmente las variedades de leguminosas como el trébol rojo o blanco, poseen excelentes características de fijación del nitrógeno.

Esto reduce la necesidad de fertilizantes sintéticos, minimizando la contaminación ambiental y disminuyendo el costo global. El suelo enriquecido con nitrógeno aumenta la productividad del huerto, lo que se traduce en una cosecha abundante.

3. **Supresión de malas hierbas:** El denso crecimiento del trébol que brota a sus pies actúa como un manto supresor de malas hierbas. Restringen el crecimiento de malas hierbas no deseadas al competir por los mismos recursos. Los tréboles de cuatro hojas impiden que la luz solar llegue al suelo, minimizando la necesidad de herbicidas y contribuyendo a un ecosistema más sostenible.

4. **Evitan la erosión del suelo:** Sus extensos sistemas radiculares se adhieren a las partículas del suelo, manteniéndolas unidas y evitando la erosión. Esto ayuda a evitar que la capa superior del suelo sea arrastrada por la lluvia.

5. **Retención de la humedad:** La multitud de tréboles que brotan del suelo ayudan a conservar la humedad del suelo. Al impedir que la luz solar directa llegue a la superficie del suelo, se comportan como mantillo al ralentizar la evaporación. Al mejorar la capacidad de retención de humedad del suelo, se reduce el estrés hídrico de los frutales durante los periodos de sequía.

6. **Estética:** Además de sus ventajas funcionales, mejora el atractivo visual del huerto. El verde vibrante del campo de trébol sirve de impresionante telón de fondo para los árboles frutales. Además, minimiza los riesgos de compactación y erosión del suelo debidos al tránsito de personas o maquinaria pesada.

Asociaciones

La asociación es una técnica efectiva para llevar tu jardinería al siguiente nivel. Las asociaciones son opuestas al monocultivo como los campos de maíz o de manzanos. Se basan en el principio de la siembra asociada e incluyen diversas especies de plantas, insectos y animales que conviven en un mini ecosistema. El punto central de estos sistemas es una fuente primaria de alimento, como un manzano. La figura 22 ilustra los distintos estratos de un bosque comestible: el dosel, el subdosel y la cubierta vegetal.

Capas del bosque comestible
1. Dosel/Árbol alto
2. Subdosel/Arbusto grande
3. Arbusto
4. Herbácea
5. Cubierta vegetal/rastreras
6. Subterráneo
7. Plantas verticales/Trepadoras

Figura 22: Diferentes capas de un jardín forestal comestible.

Beneficios de los cultivos asociados

La agrupación de sistemas compatibles tiene efectos sorprendentes. Todas las especies vegetales y animales implicadas salen ganando, pero ¿por qué? ¿Qué hace que las asociaciones de árboles sean tan eficaces para maximizar la productividad? Averigüemos cómo funcionan las agrupaciones y por qué no deberías perderte sus enormes ventajas.

En el corazón de una asociación se encuentra un árbol frutal. Las plantas elegidas suelen crecer juntas en la naturaleza y desempeñan múltiples funciones. Pueden incluir plantas que fertilicen el suelo, protejan de las plagas, atraigan a los polinizadores, supriman las malas hierbas y creen mantillo. Aprovechar la ventaja de agrupar varias plantas puede ayudar a reducir el costo total y la mano de obra necesaria.

Por ejemplo, la combinación de plantas fijadoras de nitrógeno con especies productoras de potasio, calcio, fósforo y otros minerales puede mejorar el contenido nutricional del suelo. Además, la utilización de redes alimentarias naturales ayuda a reciclar los restos vegetales, creando un suelo sano con una excelente capacidad de retención de la humedad. Plantar plantas insectívoras puede atraer a depredadores de insectos beneficiosos como crisopas, mariquitas y avispas, así como a abejas autóctonas. Esto puede ayudar a mantener bajo control las poblaciones de plagas y aumentar la cosecha.

Plantas aromáticas como el ajo, el tomillo, el orégano y la milenrama ahuyentan las plagas. Mientras tanto, densas capas de hierbas y plantas de cobertura evitan las malas hierbas y protegen el suelo. Una colección variada de plantas atrae a una amplia gama de hongos, bacterias, insectos y pájaros, fortaleciendo aún más el ecosistema. Permitir que los procesos naturales se desarrollen sin obstáculos reduce la carga de trabajo general en el jardín. Si se combinan las plantas adecuadas, el riego será más eficaz, se eliminarán las malas hierbas, se evitará la erosión del suelo y se protegerá a las variedades sensibles de las quemaduras solares y los vientos fuertes.

Elegir las plantas adecuadas puede parecer un proceso exhaustivo, por eso he elaborado la siguiente lista. En el siguiente cuadro encontrarás los nombres de varias plantas y las funciones que desempeñan dentro de las asociaciones de árboles frutales.

1. Capa de dosel	Cerezo negro, castaño, lima, avellano, morera, naranja Osage, pacana, caqui, nogal
2. Sub capa	Manzano, cerezo dulce, cerezo ácido, avellano, azufaifo, papaya, peral asiático, ciruelo, membrillo, serviceberry (mora de los césares)
3. Capa de arbustos	Aronia, arándanos, cerezo dulce, cerezo ácido, castaño, goji, avellano, naranjo de Osage, romero, rosas, salvia
4. Capa herbácea	Espárragos, alforfón, trébol rojo, equinácea, hinojo, orégano, perejil, ruibarbo, llantén, acedera, milenrama
5. Plantas de cobertura del suelo	Trébol rojo, Caléndula, Arándano rastrero, Menta, Orégano, Frambuesa, Salvia, Fresas, Boniato
6. Bajo tierra	Zanahorias, ginseng, cadillo, rábano picante, perejil, rábanos, nabos, boniato
7. Enredaderas / Trepadoras	Pepino, Amphicarpaea bracteata, Lúpulo, Kiwi, Pasionaria, enredadera de guisantes, Batata, Uvas
8. Capa de humedales	Caña común, Loto de agua, Sauce, Espinaca de agua, Berro de agua, Castaño de agua
9. Capa fúngica	Reishi/Ling Chi, Melena Peluda, Shiitake

Cuadro 2: Especies y funciones

Asociaciones de árboles frutales: Un plan

Las posibilidades son infinitas. Elije los árboles que más te gusten, con características similares combínalos y disfruta de cientos de beneficios. ¿Cómo aprovechar las enormes ventajas de esta ingeniosa técnica de jardinería? Como siempre, empecemos por lo básico: qué plantar y cómo hacerlo.

¿Qué elegir?

Las plantas autóctonas, resistentes a las enfermedades o genéticamente diversas son excelentes opciones para cultivar un huerto sin estrés ni complicaciones. Son sanas y resistentes, y reducen la carga de trabajo a la mitad. Algunos cultivadores optan por variedades poco comunes que no pueden adquirirse fácilmente en mercados o tiendas de comestibles. Por ejemplo, manzanas de variedades antiguas, papaya, azufaifo, caqui, baya de Saskatoon, morera o frutos secos como las castañas.

Guía paso a paso

Los primeros pasos para establecer asociaciones frutícolas requieren cierto esfuerzo. Sin embargo, un poco de esfuerzo al principio acabará dando sus frutos en forma de un jardín floreciente. Aquí tienes una guía paso a paso para la creación de asociaciones frutales:

1. **Bermas de tierra:** La construcción de bermas puede aumentar considerablemente la fertilidad del suelo. Empieza cortando hierba y construyendo terrazas o montículos circulares de 3 x 3 metros de diámetro. Esto también puede ayudar si tu suelo está compuesto de arcilla pesada.

2. **Lechos de lasaña:** Hacer lechos de lasaña también es una forma eficaz de potenciar la fertilidad del suelo. Consiste en colocar capas de materia orgánica en el suelo que se descomponen con el tiempo, creando un lecho de jardín fértil.

3. **Cubetas de mantillo:** La excavación de cubetas de mantillo reduce las necesidades de agua al almacenar las aguas pluviales o grises. Un foso de 25 a 45 cm de profundidad alrededor del perímetro del jardín con una berma, puede recoger el agua de lluvia, satisfaciendo las necesidades de riego del jardín.

4. **Modificación del suelo:** Las micorrizas fúngicas son esenciales para las necesidades nutricionales de los árboles frutales. Antes de las asociaciones, puedes modificar el suelo hacia un dominio fúngico eliminando pastos y malas hierbas e introduciendo virutas de madera y tierra nativa de la zona alrededor de los manzanos maduros.

5. **Plantar árboles:** Empieza creando un montículo con la tierra desplazada al cavar el hoyo. Estaca el árbol si es necesario y coloca el injerto orientado hacia el norte para proteger el injerto con la sombra del propio árbol.

6. **La mezcla perfecta:** Selecciona ocho o nueve especies de plantas de apoyo. Éstas deben variar de tamaño. Lo ideal sería una pequeña, una mediana y una grande. Además, debe haber un pequeño árbol fijador de nitrógeno, un pequeño arbusto, uno o dos cultivos de cobertura de suelo y cuatro o cinco plantas herbáceas perennes.

Las plantas de soporte deben tratarse como sacrificables. Si las plantas fijadoras de nitrógeno crecen demasiado, puedes cortarlas. Las especies más pequeñas pueden morir al no llegarles la luz del sol cuando las plantas más grandes crezcan más densamente. Todo esto forma parte del ciclo.

No hay límites a lo que se puede conseguir con las asociaciones de árboles. Pensar estratégicamente al principio puede ayudar a superar futuros obstáculos. Plantar arbustos, como arbustos de bayas o arbustos fijadores de nitrógeno en el suroeste puede ayudar a proteger contra la quemadura solar invernal.

Asociación de manzanos

Una asociación de manzanos es un excelente ejemplo de grupo de frutales. Plantar narcisos y cebollinos alrededor del árbol ayuda a evitar que se cuelen hierbas silvestres y repele a la fauna. Plantar melisa, hinojo y eneldo debajo de la primera capa atrae a los polinizadores.

Una tercera capa de consuelda, milenrama, diente de león y trébol blanco ayuda a acumular nutrientes y fijar el nitrógeno, enriqueciendo así el suelo. La consuelda y las capuchinas también son excelentes como mantillo o abono verde. Por su parte, la melisa, la milenrama y el cebollino repelen multitud de plagas. El hinojo y el cebollino también tienen propiedades antifúngicas para los manzanos, propensos al hongo de la sarna.

Una vez que domines el arte de las asociaciones de árboles frutales, quizás puedas pasar a estructuras más complejas, como un bosque de alimentos. El montaje contiene diversas especies vegetales que imitan los ecosistemas y patrones que se encuentran en la naturaleza. Los bosques de alimentos tienen un diseño tridimensional. La vida se extiende en todas direcciones: hacia arriba, hacia abajo y hacia fuera.

Un bosque o un huerto forestal suele tener siete capas: el sotobosque, el dosel, la capa herbácea, capa de arbustos, la cubierta vegetal, la capa de enredaderas y la capa de raíces. A algunos permacultores también les gusta añadir una octava capa, la capa micelial, formada por setas. El diseño del bosque comestible nos permite cultivar más plantas en una superficie limitada sin que compitan entre sí. La figura 23 ilustra un bosque comestible con una combinación de árboles frutales, hierbas, plantas de cobertura de suelo y trepadoras.

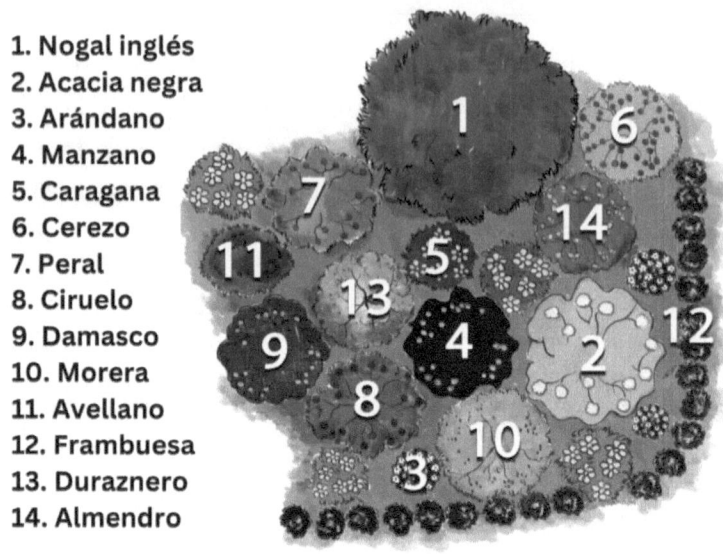

1. Nogal inglés
2. Acacia negra
3. Arándano
4. Manzano
5. Caragana
6. Cerezo
7. Peral
8. Ciruelo
9. Damasco
10. Morera
11. Avellano
12. Frambuesa
13. Duraznero
14. Almendro

Figura 23: Bosque comestible

La cosecha durante todo el año

Imagínate ir al vivero y elegir tus árboles frutales favoritos, sólo para encontrarte con que todos maduran al mismo tiempo unas pocas semanas después. No sólo tendrás problemas para cosechar, sino que no te quedará nada para el resto del año, por no hablar de que la mayoría de las frutas recolectadas se echarán a perder.

La maduración sucesiva consiste en elegir estratégicamente variedades que maduren una tras otra, garantizando un suministro ininterrumpido de deliciosas frutas frescas. Lo mejor es plantar variedades frutales cuyas temporadas de cosecha se solapen de la más temprana a la más tardía. Elige los frutales teniendo en cuenta la época de maduración. Aquí tienes algunos ejemplos:

Diez meses de jugosas naranjas

A continuación te explico cómo asegurarte un suministro continuo de naranjas sabrosas y jugosas. Elije naranjas Cara Cara de temporada temprana, naranjas Washington Navel de temporada media y naranjas Valencia de temporada tardía. Tendrás un suministro abundante de naranjas de cosecha propia de tres árboles durante más de diez meses.

Ocho meses de mandarinas

Planta Mandarina Owari Satsuma a principios de temporada, Mandarina Gold Nugget a mediados de temporada y Mandarina Pixie a finales de temporada. Durante los próximos ocho meses, tendrás un abundante suministro de mandarinas frescas y listas para comer.

Cinco meses de deliciosas manzanas

Elije una manzana Gravenstein de temporada temprana, una Gala de temporada media y una Fuji de temporada tardía para disfrutar de cuatro meses de deliciosas manzanas. Añade una Granny Smith de temporada tardía para tus tartas y pasteles, ¡y podrás disfrutar de cinco meses de cosecha de manzanas frescas!

En el siguiente cuadro he recopilado distintas variedades de fruta y sus épocas de cosecha. La lista te dará una idea de las variedades que deberías plantar.

Diferentes variedades de fruta y sus épocas de cosecha
Cerezas
- Craig's Crimson – De principios de mayo hasta junio
- Royal Rainer – De mediados de mayo hasta mediados de junio
- Lapins – De junio a fines de junio

Manzanas
- Dorsett Golden – De julio a agosto
- Fuji – De Agosto a octubre

Granny Smith – De octubre a enero
Gala – De Agosto a septiembre
Pettinghill – De septiembre a octubre
Pink Lady – De octubre a diciembre

Peras europeas
Hood – De mediados de julio a mediados de agosto
Flordahome – De fines de julio a agosto
Seckel – De mediados de agosto a mediados de septiembre
Keiffer – De septiembre hasta mediados de octubre

Peras asiáticas
Shinseiki – De mediados de junio a mediados de agosto
Hosui - Agosto
TsuLi y YaLi – De Agosto a septiembre
Shinko – Septiembre

Damáscos
Damasco Royal Rosa – De principios de mayo a junio
Damasco Blemheim – De mediados de junio a inicios de julio
Tamcot – De fines de mayo a principios de junio
Nugget – De mediados de junio a inicios de julio
Blenheim blanco canadiense – De fines de junio a mediados de julio.
EarliAutumn – De fines de julio a fines de agosto

Duraznos blancos
Tropic Snow – De principios de junio a julio
Donut – De fines de junio a mediados de julio
Babock – De principio a fines de julio.

Duraznos - Amarillos
May Pride – Mayo

Eva's Pride – Junio
Mid Pride – Julio
August Pride – Agosto

Duraznos - Doble Floración / Fructificación
Double Jewel – Mediados de junio a principios de julio
Red Baron – Finales de junio a mediados de julio
Saturn – Mediados de julio a principios de agosto

Nectarinas - Blancas
Arctic Star – Mediados de junio
Arctic Glo – Finales de junio a principios de julio
Arctic Rose– Mediados a finales de julio
Arctic Queen – Desde principios hasta mediados de agosto

Nectarinas - Amarillas
Desert Delight – Desde principios hasta finales de junio
Double Delight – Desde principios hasta mediados de julio
Panamint – Desde finales de julio hasta principios de agosto
Zee Glo – Desde mediados hasta finales de agosto

Ciruelas - Japonesas
Methley – Junio
Shiro – De finales de junio a mediados de julio
Catalina – Desde mediado de julio hasta mediados de agosto
Golden Nectar – De mediados de agosto a principios de septiembre
Beauty – Junio
Santa Rosa – De principios hasta mediados de julio
Burgundy – Desde julio hasta finales de agosto
Emerald Beaut – Desde finales de agosto hasta mediados de octubre

Caquis: Fuyu, Hachiya, Chocolate y Coffee Cake (Nishimura Wase) – De septiembre a diciembre

Arándanos: Misty, O'Neal y Sharpblue – Los arándanos maduran periódicamente durante la primavera. Aunque se consideran auto-fructíferos, plantar tres o más variedades juntas asegura cosechas abundantes. (Dave Wilson Nursery / Tom Spellman: In The Backyard Orchard Culture Style, 2023.)

Maximiza tu espacio: Cultiva en contenedores

¿Y si no dispones de una gran extensión de terreno? ¿Y si vives en un apartamento o en una casa pequeña? ¿Eso significa que debes perderte las alegrías de la fruticultura? Si tienes poco espacio, puedes cultivar frutas en recipientes. Tanto si vives en un apartamento como si simplemente tienes un patio pequeño, puedes crear un mini huerto cultivando árboles frutales en macetas.

Aquí tienes todo lo que necesitas saber para plantar árboles en macetas.

Cómo cultivar árboles frutales en macetas

El proceso comienza con la elección del contenedor adecuado. Una maceta de 10-15 galones (57 litros) suele considerarse adecuada para sostener un árbol. Su tamaño es lo bastante pequeño para poder moverlo con facilidad. Un contenedor de este tamaño puede colocarse fácilmente en una ventana, un balcón o un patio. También puede trasladarse al interior cuando haga demasiado frío.

Las macetas son excelentes para variedades de clima cálido, como plátanos, higueras y cítricos, sobre todo si vives en un clima fresco. Lo mejor es empezar con una maceta pequeña, de cinco o siete galones (20 a 30 litros). Cuando el árbol madure, sus raíces se quedarán sin espacio y dejará de crecer. Seguirá produciendo hojas y frutos; sin embargo, puede que quieras empezar a buscar una maceta más grande.

Es importante tener en cuenta que sin un drenaje adecuado, tu árbol no seguirá creciendo durante mucho tiempo. Los agujeros en el fondo o en los laterales de los recipientes drenan el exceso de agua permitiendo a su vez que la tierra tenga acceso al aire. Esto reduce la posibilidad de que se pudran las raíces.

Utilizar la tierra adecuada también es crucial para el éxito de los frutales plantados en contenedores. La tierra para macetas suele considerarse la mejor opción, ya que está especialmente formulada para plantar en contenedores. Debe evitarse la tierra vegetal, ya que puede compactarse y provocar más problemas de riego.

Prepara tus macetas añadiendo una primera capa de grava o piedras en el fondo del recipiente para mejorar el drenaje. Añade un poco de tierra y coloca el árbol en el centro. Añade el resto de la tierra y presiona con las manos para eliminar las bolsas de aire. Riégalo a fondo y ¡ya estás en camino de crear tu mini huerto!

Veamos con más detalle algunos de los pasos descritos anteriormente, para que puedas tomar la mejor decisión para tus plantas.

Elección de contenedores

El material de los contenedores puede ser terracota, metal, madera o plástico. Aunque cada uno tiene sus propias características, tu decisión debe basarse en lo que se adapte a las necesidades de tu árbol y a tu presupuesto. Las consideraciones que debes tener en cuenta son el tamaño del contenedor y su capacidad para soportar el peso del árbol, ofrecer retención de humedad y un buen drenaje.

Los recipientes metálicos suelen tener un drenaje deficiente y tienden a calentarse rápidamente cuando se colocan a la luz del sol. La terracota ofrece buen drenaje y retención de agua, pero tiende a romperse con facilidad. Las macetas de plástico son baratas, pero quizá no puedan soportar el peso de la tierra húmeda y de un árbol con mucho peso en la copa. Al final, deberás tomar tu decisión tras sopesar los pros y los contras de los distintos materiales de las macetas.

Selección del suelo adecuado

Los árboles frutales prosperan en compost a base de marga que sea bastante pesado, lo que les proporciona una gran estabilidad. Antes de rellenar las macetas con tierra, forra el recipiente con trozos rotos de terracota o algunas piedras para mejorar el drenaje.

Cuidados posteriores

Los árboles que crecen en macetas se secan antes que los plantados en el suelo. Los árboles en maceta necesitan un riego regular para satisfacer sus necesidades diarias de humedad. Sin embargo, es importante mantener el compost húmedo, pero no mojado.

Puedes utilizar un sencillo kit de análisis para medir el pH del suelo y ajustarlo a las necesidades de tus árboles. Dale un empujón a tus árboles cada primavera renovando la capa superior de compost. Empieza raspando unos 5 cm (2 pulgadas) de compost de la parte superior y esparce el compost fresco mezclado con gránulos de fertilizante de liberación controlada. Durante el invierno, envuelve las macetas con arpillera o plástico de burbujas. Así protegerás las raíces de las temperaturas bajo cero.

Frutas más adecuadas para macetas (variedades enanas)

Aquí tienes una lista de las frutas más adecuadas para cultivar en macetas:
- Manzana
- Damasco
- Cereza
- Higo
- Limón
- Naranja
- Durazno
- Pera
- Ciruela

Injertos

¿Por qué tomarse la molestia de cultivar 40 árboles frutales diferentes cuando se pueden obtener 40 variedades distintas de un solo árbol? El árbol en cuestión se encuentra en California y se conoce como el "Árbol de las 40 Frutas". Creado por Sam Van Aken, este increíble árbol tiene ciruelas que crecen en una rama, damascos y duraznos en otras. En el árbol crecen cuarenta variedades diferentes de frutas de carozo. ¡Es la maravilla del injerto!

El injerto es la práctica de fusionar dos árboles en uno. Para lograrlo, se necesita un portainjerto y una púa o injerto. La parte inferior, el portainjerto, formará las raíces del nuevo frutal. Controla la altura que alcanzará el árbol. La púa o el injerto, la parte superior del injerto, determina el tipo, sabor y color de la fruta.

Los árboles frutales no suelen cultivarse directamente a partir de semillas. Más bien se mezclan para crear las variedades de mejor sabor. El árbol resultante posee una composición genética totalmente nueva que es una mezcla de los árboles parentales. Los frutales injertados ofrecen las siguientes ventajas:

- Ofrecen resistencia a plagas y enfermedades.

- Pueden diseñarse para soportar climas fríos.

- Pueden utilizarse para producir variedades enanas o semi-enanas.

Por otro lado, los árboles frutales cultivados a partir de semillas presentan importantes desventajas. Por ejemplo, la fruta que producen es pequeña y agria. Pueden crecer hasta tamaños descomunales, lo que puede ser difícil de manejar, y pueden tardar varios años en producir frutos. Sin injertos, no tendríamos algunas variedades frutales famosas que vemos hoy en día, como las manzanas Macintosh.

¿Cómo funciona?

Si cortas una rama de un árbol joven, observarás que tiene una corteza marrón, pero un tejido interior verde conocido como cambium. Se trata de una parte esencial del árbol, que le proporciona crecimiento y renovación continuos.

Sin cambium, no es posible injertar. Para injertar un frutal, tendrás que hacer un corte en la púa (injerto) y otro en el patrón (portainjerto). El siguiente paso es unir estas dos partes. La herida en ambas partes envía señales a la planta para que repare el daño. A medida que la herida cicatriza, los dos árboles quedan unidos.

Guía para injertar frutales

1. **Recoge las ramas de injerto (púas)** durante el invierno, cuando la planta está inactiva y requiere menos energía. Asegúrate de que la rama esté sana, inspeccionándola en busca de cualquier anomalía. Toma una rama de 16 pulgadas (40 cm). Etiqueta el nombre del árbol y la fecha en que se tomó el corte. La madera de la púa debe tener un año de antigüedad y unas tres yemas foliares apuntando hacia arriba.

2. **Elige púas y portainjertos botánicamente compatibles.** Muchas variedades frutales sólo pueden injertarse en partes de árboles de la misma especie, como las manzanas. Otras, como los damascos, son más flexibles. Del mismo modo, los ciruelos pueden injertarse en un patrón de almendro. La compatibilidad depende en gran medida del parentesco genético y de la similitud de las características físicas. Por ejemplo, casi todas las variedades de cítricos pueden injertarse entre sí. Las cerezas, las ciruelas y las manzanas se llevan bien entre sí. Los portainjertos de pera europea son compatibles con los de pera asiática, además de con otras variedades de pera europea. Los duraznos pueden injertarse en otras variedades de duraznos, así como en nectarinas, ciruelas europeas y damascos. El

membrillo responde bien a otras variedades de membrillo, peral y níspero.

3. **Guarda el corte** en el frigorífico envolviéndolo en una toalla de papel húmeda y metiéndolo en una bolsa de plástico. Guárdalo allí hasta la primavera para mantener la latencia. Asegúrate de vigilar y retirar cualquier fruto maduro para que el etileno acumulado no dañe la rama.

4. **Comienza a injertar** en primavera. Observa los árboles de tu vecindario para ver si empiezan a abrirse las yemas. Esto puede darte una indicación de que la savia está empezando a fluir, por lo que es el momento perfecto para el injerto.

5. **Sella** la unión de la púa y el portainjerto para evitar la deshidratación y fíjala para garantizar que los cambiums de las dos partes permanezca en contacto.

6. **Asegura la polinización cruzada** injertando o plantando dos variedades.

Técnicas de injerto

Hay varias técnicas de injerto entre las que puedes elegir en función de lo que quieras conseguir. Si tu intención es hacer productivo un árbol viejo, el injerto de corteza puede ser una opción adecuada para ti. Según el momento y tus preferencias, el método de la lengüeta o el injerto de yema pueden ofrecer una solución eficaz. Veamos cada método con más detalle.

Injerto de corteza

Con este método se pueden renovar los frutales viejos. Mediante el injerto de corteza puedes mejorar la calidad de los frutales viejos. Para este método, debes pelar la corteza con un cuchillo afilado, dejando al descubierto el cambium, e insertar la púa. Asegura ambas partes atándolas con gomas elásticas.

La figura 24 ilustra el método de injerto de corteza, especialmente para árboles de corteza gruesa. En estos casos, el corte vertical de la corteza es innecesario. En su lugar, la púa se inserta entre la corteza y la madera del portainjerto.

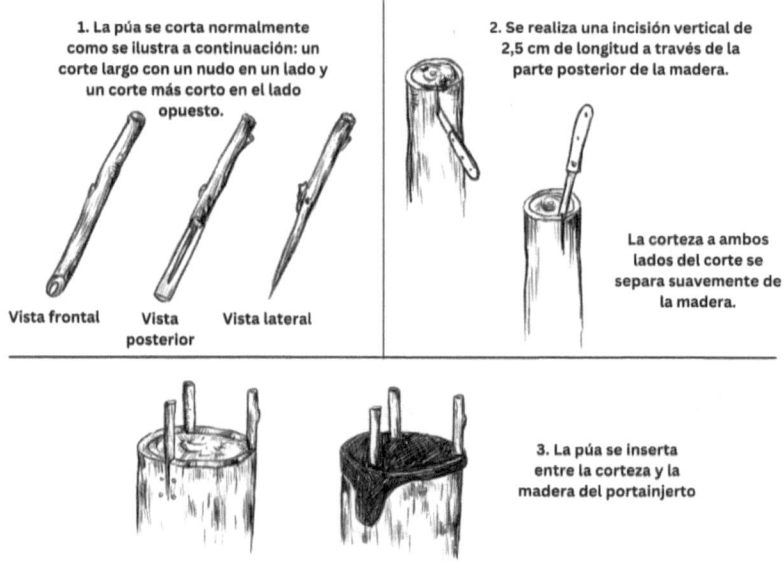

Figura 24: Injerto de corteza.

Técnica de la lengüeta

Esta técnica funciona exactamente como un rompecabezas. Se hace un corte largo e inclinado. Esto proporcionará la máxima superficie entre el portainjerto y la púa. Necesitarás un cuchillo afilado, cera y bandas elásticas. La figura 25 ilustra el método de la lengüeta.

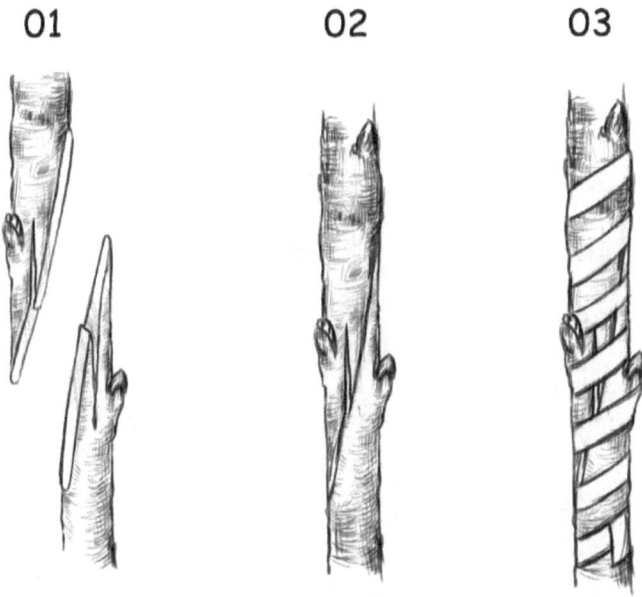

Figura 25: Método de injerto de lengüeta.

Técnica de la cuña superior

La técnica consiste en utilizar un corte en forma de cuña para combinar la púa y el portainjerto. Normalmente, este método de injerto se realiza durante el reposo vegetativo del árbol. Para empezar, selecciona una púa sana y un portainjerto compatible. Con un cuchillo de injertar afilado, haz cortes diagonales en ambas plantas, formando una cuña. Fija la púa en forma de cuña en el portainjerto y asegura el injerto con cinta de injertar o bandas elásticas. Asegúrate de que las capas de cambium de la púa y del portainjerto estén en contacto.

También puedes utilizar cera para injertos o cualquier otro material similar para evitar que la unión se seque. Cubre el injerto con una bolsa de plástico para retener la humedad y favorecer la cicatrización. Comprueba regularmente si hay signos de crecimiento y retira la cubierta cuando el injerto se haya establecido.

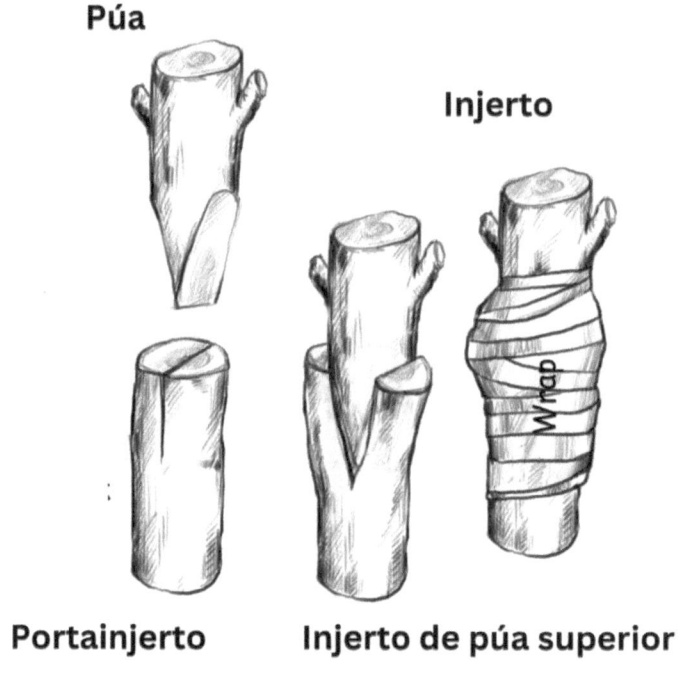

Figura 26: Injerto de cuña superior.

Injerto de yemas

Si te has perdido el inicio de la temporada de injertos, puedes utilizar una técnica diferente para injertar tus árboles frutales. Basta con tomar una yema del injerto o púa deseada. Haz un corte en T o en astilla en el portainjerto e inserta la yema.

Lo aprendido

Hemos discutido las distintas formas de aumentar la productividad de nuestro huerto. Utilizar los principios de la permacultura al diseñar nuestros huertos caseros nos permite aprovechar al máximo nuestros recursos sin causar daños al medio ambiente. La siembra en compañía es un método excelente de enriquecer las plantas agrupando variedades compatibles. Ayuda a crear un huerto autosuficiente. También es una forma estupenda de cultivar diversas especies de plantas que se benefician mutuamente.

Si el espacio es limitado, siempre podemos cultivar árboles en contenedores. Aunque no todos los árboles son adecuados para ello, ofrece a los amantes de la jardinería la oportunidad de experimentar el placer de cultivar árboles frutales a pesar de disponer de poco espacio. Por último, el injerto es un método fantástico para cultivar árboles con las características deseadas y aumentar considerablemente la productividad del huerto. En el próximo capítulo nos ocuparemos de la polinización y de cómo atraer polinizadores a tu jardín.

CAPÍTULO 7

Atrae a las abejas al patio

La polinización es esencial para el desarrollo de los frutos. Hablemos de las aves, las abejas y las flores que florecen en los frutales de tu huerto. La polinización de los árboles frutales implica la reproducción y el desarrollo de los frutos. Sin polinización, no habrá frutos que cosechar. Consiste en la transferencia de polen del estambre al pistilo. Esto conduce a la fecundación y al desarrollo de las semillas. Las abejas melíferas y los colibríes que deambulan por tu huerto son esenciales para que todo esto ocurra.

En función de la polinización, los frutales pueden clasificarse en dos categorías:

- **Autopolinizantes:** Árboles que no necesitan otras variedades de árboles para lograr la polinización. Entre ellos se encuentran los damascos, los duraznos y las guindas.

- **Polinización cruzada:** Árboles que requieren otra variedad de árbol para la polinización. Los árboles frutales como el peral, las ciruelas y las cerezas dulces entran en esta categoría.

Para garantizar una polinización eficaz, lo mejor es plantar al menos dos variedades de polen compatibles en un radio de 30 metros. Asegúrate de que los árboles que elijas florezcan en la misma estación. El tiempo es crucial para que la polinización tenga éxito. Los árboles de temporada temprana polinizarán a otros árboles de temporada temprana. El mismo principio se aplica a las variedades de temporada media o tardía.

Polinización

Veamos la polinización con más detalle e intentemos comprender este fascinante fenómeno. Todo comienza con una flor. Los granos de polen se transfieren de la parte masculina de la flor a la femenina. La fecundación tiene lugar en el ovario cuando las células espermáticas del grano de polen se fusionan con el óvulo, produciendo semillas o embriones. Tras la fecundación, el ovario se transforma en fruto, que encierra las semillas.

Los polinizadores desempeñan un papel importante en el transporte del polen de la parte masculina a la femenina de la flor. Estos incluyen una larga lista de insectos y animales. Sin embargo, a veces la polinización puede tener lugar por algo tan simple como el viento. Es importante señalar que algunos árboles requieren polinizadores específicos. Por ejemplo, los almendros dependen de las abejas melíferas, mientras que los cerezos dependen en cierta medida de las abejas para lograr la polinización.

Como ya he mencionado, las flores de algunos árboles son incompatibles con su propio polen, por lo que requieren polinización cruzada. Por ejemplo, muchas variedades de manzana sólo son aptas para la polinización cruzada.

En cambio, los caquis requieren exclusivamente la polinización cruzada y la transferencia de polen del árbol macho a la hembra. Las flores del caqui son masculinas o femeninas y requieren un polinizador para la transferencia de los granos de polen. El árbol que genera el polen se conoce como polinizador.

Es importante tener en cuenta que los frutos producidos por polinización cruzada serán similares a los del árbol que recibió el polen. Sin embargo, las semillas serán híbridas y compartirán características de las plantas progenitoras. Por ejemplo, si una manzana Red Delicious es polinizada por una Granny Smith, los frutos resultantes serán todos de la variedad Red Delicious, pero las semillas de estos frutos poseerán características diferentes.

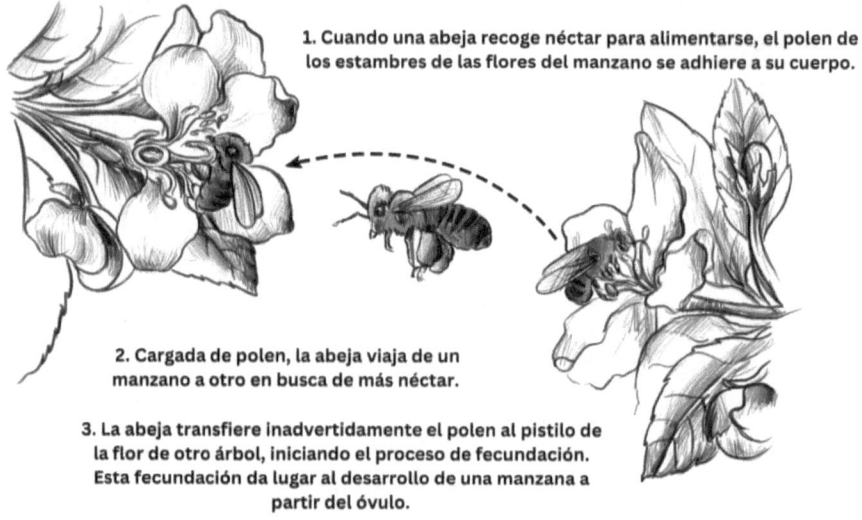

Figura 27. Las abejas como polinizadoras

¿Qué variedades plantar? ¿Qué polinizadores deberías intentar atraer a tu jardín? Si te has hecho alguna de estas preguntas, no busques más. En el Cuadro 9, he recopilado una lista de diversos árboles frutales, el tipo de polinizadores que necesitan y sus variedades autopolinizantes para que puedas elegir lo que más te conviene.

Árbol frutal	Polinizador Requerido	Polinizadores	Variedades Autopolinizantes
Manzana	La mayoría de las variedades	Insectos, especialmente abejas	Ein Shemer, Gala, Golden Delicious, Dorsett Golden, Anna
Banana	No	No requeridos	Todas
Cereza	Algunas variedades	Insectos, especialmente abejas	Benton, Blackgold, Lapins, Starkrimso, Stella, Whitegold, Tart Cherries
Higo	No	No requeridos	Todas
Olivo	Algunas variedades	Varios insectos	Arbequina
Durazno	Algunas variedades	Varios insectos	FlordaCrest

Árbol frutal	Polinizador Requerido	Polinizadores	Variedades Autopolinizantes
Pera	Sí	Insectos, especialmente abejas	Kieffer, Shinseiki, Gulf Crimson, Pineapple Pear
Pacana	Sí	El viento	La autofecundación es mínima y generalmente no produce nueces de buena calidad.
Caqui	Sí, un árbol macho	Insectos, especialmente abejas	Kaki Asiático Persimmons, Fuyu
Ciruela	La mayoría	Insectos, especialmente abejas	Au Rosa, Golden, Methley, Santa Rosa, Scarlet Beauty
Granada	No	Insectos, especialmente abejas	Todas

Cuadro 9: Polinizadores necesarios para los frutales

Ventajas y desventajas de la autopolinización y la polinización cruzada

Es posible que ya hayas decidido qué tipo de polinización te conviene más. Sin embargo, antes de comprometerte a comprar determinados tipos de árboles, veamos las ventajas e inconvenientes de ambos métodos.

Ventajas de la autopolinización

1. Las características específicas del árbol se conservan a lo largo de varias generaciones.
2. No requiere polinizadores.
3. No es necesario invertir en métodos para atraer insectos polinizadores a tu huerto.
4. Garantiza la producción de semillas.
5. No hay desperdicio de micro esporas.
6. Elimina las características recesivas no deseadas.

Desventajas de la autopolinización

1. Impide que las plantas se adapten a los cambios ambientales.
2. Puede dar lugar a descendencia más débil.

3. Puede producir semillas de baja calidad.

Ventajas de la polinización cruzada

1. Produce un gran número de semillas sanas.
2. Da lugar a nuevas variedades.
3. Ayuda a las generaciones resultantes a adaptarse a las tensiones ambientales.
4. A menudo da lugar a frutos de calidad superior.

Desventajas de la polinización cruzada

1. Puede ser laboriosa y costosa, ya que requiere esfuerzos para atraer a los polinizadores y plantar distintas variedades de árboles.

Quién es quién entre los polinizadores

Los polinizadores son la fuerza de élite del huerto. Los insectos responsables de la polinización desempeñan un papel de innegable importancia en el éxito de los huertos frutales. Pero ¿quiénes son estos pequeños insectos y aves y cómo actúan?

La lista de polinizadores es larga: pájaros, murciélagos y una gran variedad de insectos. Algunos te resultarán familiares, como las abejas y las mariposas. Otros, como las moscas, los escarabajos y las avispas podrían sorprenderte. Aquí tienes un breve resumen de algunos de estos polinizadores, su hábitat, ciclos de vida y necesidades de conservación.

Abejas solitarias

Las abejas melíferas son quizás las polinizadoras más conocidas. Sorprendentemente, constituyen una pequeña fracción de las especies de abejas. Hay aproximadamente 20.000 especies de abejas en todo el mundo. De ellas, 3.600 son autóctonas de Canadá y los Estados Unidos. Las abejas solitarias constituyen la mayoría de las especies de abejas no agresivas, ya que la mayoría no tienen aguijón. Poseen vellos diminutos y estructuras anatómicas especializadas que recogen y transfieren el polen.

Plantas que atraen a las abejas: Vara de oro, borraja, Susana de ojos negros, altramuz, liatris, melisa, capuchina, pensamiento, caléndula, amapolas, zinnia, girasol, lavanda, equinácea, flox, menta.

Abejorros

Su capacidad para volar a bajas temperaturas y con poca luz los convierte en uno de los mejores polinizadores, sobre todo para las personas situadas en grandes elevaciones y latitudes. Tienen el cuerpo redondo y velludo y agarran las flores con las mandíbulas antes de utilizar los músculos de las alas para liberar el polen.

Mariposas

Las mariposas suelen ser menos eficaces que las abejas en el transporte del polen, pero no por ello dejan de ser valiosas polinizadoras. Recogen la mayor parte del polen con sus largas y delgadas patas, ya que carecen de estructuras especializadas para transportarlo.

Plantas que atraen a las mariposas: Algodoncillo, pequeña hierba de hierro, girasoles, violetas, bálsamo de abeja, boca de dragón, eneldo, flox, aciano, arbusto de mariposas, vara de oro, equinácea, malva, azul índigo salvaje, lila, margaritas, salvia, zinnia, hierba Joe-Pye

Polillas

Cuando llega la noche, las polillas toman el relevo de las abejas y las mariposas en la polinización. Son un grupo de insectos increíblemente diverso, con varias especies de polillas adaptadas a la polinización de una gran variedad de plantas. Algunas se alimentan exclusivamente del néctar de las flores que florecen de noche, mientras que otras son importantes polinizadoras de árboles frutales como perales, ciruelos y manzanos.

Las plantas que atraen a las polillas son: Epilobio, dama de la noche, dondiegos, madreselva, salvia, monarda, dedalera, heliotropo.

Avispas

Las avispas suelen recibir críticas injustas por su supuesta agresividad. En realidad, son cazadoras muy hábiles, y deberíamos apreciar sus valiosas funciones ecológicas. Contribuyen de forma significativa a nuestro medio ambiente ayudando a mantener las poblaciones de insectos, controlando las plagas y participando de forma esencial en los esfuerzos de conservación y control biológico. Curiosamente, si tenemos en cuenta sus orígenes evolutivos, las abejas son básicamente avispas vegetarianas.

Muchas especies de avispas tienen el cuerpo liso y no recogen activamente el polen. A diferencia de las abejas, carecen de los pelos ramificados que recolectan el polen, típicamente asociados a la polinización por abejas. Por consiguiente, desempeñan un papel relativamente secundario en la polinización de la mayoría de las plantas. Sin embargo, ayudan inadvertidamente a la polinización transportando y dispersando algunos granos de polen cuando se desplazan entre las flores.

Las plantas que atraen a las avispas son: Milenrama, flores de colores fríos (azul, blanco, morado), citronela, perejil, menta, caléndula, melisa, helechos, musgo.

Moscas

Con una asombrosa variedad de más de ochenta y cinco mil especies en todo el mundo, las moscas representan uno de los órdenes de insectos más diversos, conocido como Díptero. Aunque algunas especies de moscas se asocian a menudo con plagas agrícolas y vectores de enfermedades, es fundamental reconocer que muchas desempeñan funciones vitales y beneficiosas en los ecosistemas. Entre ellas están los mosquitos acuáticos, que sirven de alimento abundante a las aves migratorias, y las moscas polinizadoras responsables de fertilizar las plantas de manzana, pimiento, mango y anacardo.

Las moscas suelen ser consideradas forrajeras generalistas, carecen de nidos para aprovisionarse y a menudo poseen cuerpos con poco pelo, lo que tiende a restarles importancia como polinizadoras. Sin embargo, pueden ser importantes polinizadoras de determinadas especies vegetales.

Las plantas que atraen a las moscas son: Girasoles, eneldo, perejil, hinojo.

Escarabajos

Los escarabajos son el grupo de organismos más diverso del planeta. Dada la inmensidad de este grupo, no es de extrañar que los escarabajos presenten una sorprendente variedad de colores, formas y funciones ecológicas.

Las plantas que atraen a los escarabajos son: Hinojo, menta, hierba de las mariposas, diente de león, caléndula, cosmos, eneldo, encaje de la reina Ana, cilantro.

Los registros fósiles ofrecen una ventana al pasado, sugiriendo que los escarabajos, junto con las moscas, probablemente desempeñaron el papel de ser los primeros insectos polinizadores de las plantas con flores prehistóricas durante el Jurásico tardío, hace unos 150 millones de años. Sorprendentemente, los escarabajos siguen siendo polinizadores de muchas flores contemporáneas, como las magnolias y los nenúfares, que nos vinculan a antiguas formas florales.

Alimentar a los polinizadores en los huertos

Los huertos no sólo son una fuente vital de deliciosas frutas, sino que también pueden servir de santuario para polinizadores cruciales para su crecimiento y productividad. Los polinizadores, como abejas, mariposas y otros insectos, desempeñan un papel fundamental en la polinización de las flores de los huertos, garantizando una abundante producción de fruta. Para apoyar a estos aliados esenciales, es fundamental establecer fuentes óptimas de alimento y nidificación en los huertos.

Fuentes alimentarias

Árboles con flores: Los huertos pueden enriquecerse plantando una variedad de árboles con flores, no sólo los frutales. Estas flores adicionales proporcionan néctar y polen, manteniendo a los polinizadores durante toda la temporada de crecimiento.

Hierbas y flores silvestres autóctonas: Rodeando los huertos con praderas o franjas de flores silvestres autóctonas se puede ofrecer una fuente de alimento diversa y durante todo el año para los polinizadores. Las plantas autóctonas están adaptadas al ecosistema local y suelen ser más atractivas para los polinizadores nativos.

Cultivos de cobertura: La utilización de cultivos de cobertura como el trébol y el trigo sarraceno entre hileras puede proporcionar alimento adicional a los polinizadores, sobre todo durante los periodos en que los frutales no están en flor.

Uso mínimo de pesticidas: Reducir el uso de pesticidas y herbicidas en los huertos puede salvaguardar la salud de los polinizadores al evitar la contaminación de sus fuentes de alimento. Las estrategias de gestión integrada de plagas pueden ayudar a minimizar la necesidad de productos químicos.

Fuentes de anidación

Colmenas y cajas para abejas: Colocar colmenas y cajas de abejas en los huertos o cerca de ellos puede crear lugares adecuados para la nidificación de especies de abejas solitarias y melíferas.

Proporcionar estas opciones de alojamiento fomenta una población estable de abejas para ayudar a la polinización.

Hábitats de abejas silvestres: Los huertos pueden incluir zonas no perturbadas con madera muerta, tallos huecos y parches arenosos para las abejas que anidan en el suelo. Estas zonas pueden imitar los hábitats naturales de las abejas y favorecer la nidificación.

Tubos para anidar: Los huertos pueden instalar tubos para anidar diseñados para abejas solitarias. Estos tubos proporcionan espacios seguros para que estos polinizadores vitales pongan sus huevos y críen a sus crías.

Jardines de mariposas: Incluir plantas aptas para las mariposas, plantas huésped para orugas y zonas de charco para mariposas en los huertos y sus alrededores puede atraer y proporcionar hábitats adecuados para estos polinizadores.

Para el bienestar de los polinizadores en los huertos es esencial crear un entorno holístico que contemple tanto las fuentes de alimento como las de nidificación. Al atender sus necesidades, los propietarios de los huertos no solo garantizan una producción frutícola sana, sino que también contribuyen a la conservación de estas especies esenciales que sustentan los ecosistemas y la biodiversidad.

Consejos para crear un entorno favorable para los polinizadores

Nuestros jardines y huertos están repletos de vida gracias a los laboriosos polinizadores que nos ayudan a obtener los frutos de nuestro trabajo. Abejas, mariposas y otros insectos desempeñan un papel indispensable en la polinización de nuestras plantas favoritas, garantizando abundantes cosechas. Para fomentar un entorno armonioso para estas criaturas esenciales, es crucial adoptar prácticas que hagan que tu espacio exterior sea respetuoso con los polinizadores.

En esta sección, exploraremos algunos consejos para crear un hábitat que satisfaga las necesidades de los polinizadores, desde el control consciente de las plagas hasta el fomento de sus ciclos vitales y la aceptación de la belleza del desorden natural. Siguiendo estas pautas, podrás expresar tu gratitud a estos héroes anónimos del jardín y disfrutar de las dulces recompensas que ayudan a producir.

Control de plagas consciente

Cuando te enfrentas a plagas como mosquitos y avispas, ten cuidado con los productos químicos y aerosoles que utilizas. Algunas de estas sustancias pueden dañar a importantes polinizadores como las abejas. Para evitar dañar involuntariamente a los polinizadores, lee siempre la etiqueta y comprende el impacto de los productos que utilizas. Además, recurre a los aerosoles químicos sólo como último recurso; a menudo se pueden controlar las plagas con alternativas naturales, como la citronela para repeler mosquitos.

Apoya los ciclos vitales de los insectos

Las mariposas, por ejemplo, dependen de plantas específicas como los algodoncillos para sobrevivir. Ponen sus huevos bajo las hojas, y las orugas que nacen deben alimentarse de estas plantas para transformarse en mariposas. Para animar a las mariposas a vivir en tu zona, no te limites a plantar algodoncillo. Vigila si hay huevos u orugas escondidos en tu jardín, y evita podar tus plantas de forma demasiado agresiva o antes de tiempo. Estas acciones proporcionan espacios seguros para estas etapas vitales del ciclo vital de la mariposa.

Abraza el desorden natural

Si bien mantener un jardín perfectamente cuidado es visualmente atractivo, es esencial comprender que la naturaleza puede ser un poco desordenada. Las hojas caídas, los recortes de césped y las plantas que mueren de forma natural pueden alterar el aspecto ordenado de tu jardín, pero aceptar este desorden natural es una de las mejores cosas que puedes hacer por tus polinizadores locales. Dedica una parte de tu jardín a un estado más natural, sin cuidados. Deja las hojas y los residuos naturales en paz, permitiendo que las flores silvestres crezcan y se retiren de forma natural. Esto puede alterar el aspecto prístino de esa zona, pero creará un hábitat próspero para tus amigos polinizadores.

La próxima vez que veas un polinizador zumbando por tu jardín, dedica un momento a apreciar su valioso servicio. Sin estas diligentes criaturas, nuestro mundo sería muy distinto y los árboles frutales que tanto nos gustan no prosperarían. Si haces de tu jardín un lugar acogedor para los polinizadores, estarás en camino de disfrutar de abundantes cosechas de tus frutas favoritas.

Polinización manual

Si tienes árboles frutales de interior o plantas que carecen de polinizadores naturales, como muchas especies tropicales, puede que haya llegado el momento de que tú mismo te conviertas en polinizador. La polinización manual es la clave para garantizar una distribución eficaz del polen y aumentar las posibilidades de una cosecha fructífera.

Aquí te explico cómo polinizar flores a mano:

- **Localiza las flores abiertas:** Identifica las flores que se han abierto y busca el característico polen amarillo. Ten en cuenta que algunas flores tienen partes masculinas y femeninas, por lo que es posible que tengas que revisar varias flores para localizar el polen.

- **Elige tu herramienta:** Usa una herramienta pequeña para el trabajo, como un hisopo de algodón, un pincel fino o incluso la punta de tu dedo.

- **Recolecta y transfiere el polen:** Recoge suavemente el polen con la herramienta y, a continuación, hazlo girar con cuidado alrededor de las partes reproductoras de las flores. Si tienes varias plantas, asegúrate de visitar cada una de ellas. Recuerda, piensa como una abeja: sé cuidadoso y minucioso, visitando todas las flores para asegurarte de que no se te escape ninguna.

- **Repite el proceso:** Continúa este proceso de polinización manual cada tantos días hasta que el árbol o la planta ya no esté en flor.

Al convertirte en polinizador en tu propio terreno, desempeñarás un papel activo en el apoyo a la producción de fruta, garantizando que tu jardín interior prospere y dé los frutos de tu trabajo.

Lo aprendido

Sin una polinización adecuada, es imposible tener una cosecha abundante. Los árboles frutales pueden ser autopolinizantes o de polinización cruzada. Los árboles autopolinizantes producen frutos que son exactamente iguales a las generaciones anteriores, aunque la calidad y el sabor pueden no cumplir con las características deseadas. La polinización cruzada ofrece más variedad y mayores posibilidades de obtener frutos con características superiores.

Atraer insectos beneficiosos que puedan servir de polinizadores es una forma eficaz de aumentar la cosecha. La instalación de tubos para anidación, cajas para abejas y la plantación de tréboles como cultivos de cobertura pueden atraer a un número considerable de abejas, pájaros y escarabajos a tu huerto. Por último, es importante crear un entorno favorable para los polinizadores teniendo en cuenta los métodos químicos de control de plagas y apoyando los ciclos vitales de los insectos. Si todo lo demás falla, siempre puedes recurrir a la polinización manual.

CAPÍTULO 8

Gestión de la cosecha y cuidados de invierno

Haz hecho todo el trabajo pesado. Has plantado tu huerto, has cuidado las plantas, has fomentado la polinización y has mejorado la producción de fruta. Todos tus esfuerzos han merecido la pena y tus árboles están cargados de frutos listos para ser recogidos. ¿Qué hay que hacer para recogerlos? Mientras tu huerto prospera, ¿cómo gestionas las densas copas de los árboles? Y, lo más importante, ¿qué puedes hacer con toda esa cosecha? En este capítulo abordaremos todas estas preguntas y muchas más, porque, como se ve, montar un huerto con éxito es sólo el principio de una aventura apasionante.

Raleo de árboles de copa alta

Ralear los árboles frutales en esta etapa puede parecer contradictorio, pero hay razones de peso para hacerlo. A primera vista, la idea de arrancar fruta joven e inmadura puede parecer contradictoria si tienes el objetivo de obtener una cosecha abundante. Sin embargo, el raleo de los árboles frutales no sólo juega a tu favor, sino que también contribuye a la salud a largo plazo de tu huerto. En esta sección, profundizaremos en las razones que hay detrás del raleo de tus frutales, así como en cuándo y cómo hacerlo.

Ventajas del raleo de frutales

- Mitigar el exceso de carga y prevenir la caída temprana de los frutos.
- Mejorar el tamaño, el color y la calidad de la fruta restante.
- Proteger las ramas de los árboles de los daños causados por las grandes cargas de fruta.
- Fomentar el desarrollo de la cosecha del año siguiente y mitigar el porte bienal.

Guía sencilla para el raleo de frutales

El raleo de árboles frutales es una tarea sencilla que sólo requiere tus dedos o un pequeño par de podadoras afiladas. Sin embargo, el momento es clave. Para ralear los frutales con eficacia, es crucial actuar en el momento adecuado. Este período se abre después de que se haya producido la polinización y en las primeras fases de desarrollo de la fruta, normalmente cuando la fruta joven tiene todavía menos de una pulgada de diámetro. En la mayoría de las regiones, el raleo de los frutales no suele ser necesario después de julio. Veamos ahora los árboles individuales y cómo debes enfocar el raleo.

Manzano

El momento ideal para el raleo de manzanos es aproximadamente un mes después del punto álgido de su floración. Durante el proceso de raleo, es esencial dispersar los cúmulos de fruta, dejando sólo una fruta bien seleccionada. Por lo general, es aconsejable conservar la fruta de la "flor reina", que es la flor central del racimo floral, ya que es la que tiene más potencial para convertirse en una manzana robusta y de gran tamaño. Mantén un espacio de entre 15 y 20 cm entre las frutas restantes.

En los manzanos de tipo espolón, la fructificación se produce en los espolones situados a lo largo de las ramas internas, produciendo fruto desde el tronco hacia fuera. En algunos casos, el raleo puede ser necesario para promover el desarrollo de frutos más grandes y de mayor calidad en los espolones restantes.

Damasco

Los damascos son famosos por su alta productividad, lo que puede provocar la caída de los frutos si no se ralea el árbol adecuadamente. Es esencial dispersar los racimos de fruta por todo el árbol y mantener una distancia de aproximadamente 15 cm entre los frutos restantes para mitigar este problema.

Cerezo

Normalmente, los cerezos dulces y los guindos no requieren raleo de sus frutos. Sin embargo, si tus árboles están experimentando una caída de fruta debido al estrés, puede ser aconsejable considerar el raleo de una parte de la fruta. Se recomienda limitar el número de cerezas en un mismo espolón a no más de diez. Por lo tanto, debes entresacar los racimos que estén causando problemas de apiñamiento o contribuyendo al problema de la caída de cerezas.

Duraznero

Estos árboles frutales son bien conocidos por su tendencia a la sobreproducción, lo que a su vez suele requerir raleos regulares para evitar posibles daños al árbol. Al madurar, estos frutos pueden llegar a ser muy pesados, lo que supone un riesgo de rotura de ramas y desgarro de la corteza si se deja que el árbol soporte este peso. Es esencial dispersar tanto los racimos de frutos como los "gemelos" que puedan formarse. Mantén una separación mínima de 15 cm entre los frutos restantes para garantizar la salud y longevidad del árbol.

Peral

Los perales, ya sean asiáticos o europeos, no suelen necesitar raleos. Sin embargo, si observas un patrón de caída prematura de la fruta cuando las peras aún son pequeñas y están inmaduras, o si tu árbol tiende a producir fruta cada dos años, el aclareo puede ser una solución eficaz. Retira rápidamente cualquier fruto de tamaño insuficiente, deforme o dañado en cuanto aparezca. Dispersa los racimos de frutos, conservando sólo uno o dos frutos de cada racimo para aumentar el tamaño de los maduros. Para obtener resultados óptimos, asegúrate de que haya un espacio de aproximadamente 10 a 15 cm entre los frutos restantes.

Ciruela

Los ciruelos japoneses tienen una reputación de sobreproducción y caída de frutos similar a la de los nectarinos y duraznos. Estos árboles suelen dar fruto en racimos a lo largo de las ramas. Una vez que las ciruelas han alcanzado un tamaño suficiente para cosecharlas con facilidad, es aconsejable entresacarlas y dispersar los racimos. Esta práctica permite que la fruta alcance un tamaño mayor y ayuda a evitar la caída prematura de los frutos. Mantén un espaciado de aproximadamente 10 a 15 cm entre la fruta restante.

Los ciruelos europeos suelen requerir menos raleo que los japoneses. Sin embargo, si su ciruelo europeo produce frutos maduros pero de tamaño insuficiente debido a un exceso de producción, el raleo de los frutos puede ser beneficioso para mejorar el tamaño de los frutos restantes en el futuro. Deja frutos individuales con una separación de 5 a 8 cm entre ellos, o mantén pares de frutos con una separación de 16 cm.

¡La cosecha!

Por fin hemos llegado a nuestro destino: la fruta madura. Hemos esperado pacientemente, observando los sutiles cambios diarios de cada fruta a medida que se acercaba este momento. Dulce, sabrosa, aromática, con una textura ideal y recolectada en su mejor momento, es única. No tiene comparación con nada que se pueda encontrar en el mercado de agricultores, en un puesto de granja local, en la tienda de comestibles o incluso en un servicio de venta por correo de alta gama.

Los jardineros caseros disfrutan del privilegio único de cuidar árboles individuales, podándolos meticulosamente durante todo el año, raleando los excesos, cubriéndolos con mantillo, regándolos y cuidándolos cuando se enfrentan a plagas y enfermedades. Por eso las frutas cultivadas en casa rozan la perfección. Los cultivadores comerciales, por muy hábiles y dedicados que sean, no pueden igualar el cuidado personalizado que proporciona un jardinero casero.

Con el tiempo y la experiencia, se desarrolla un instinto para reconocer la fruta madura, lo que convierte la recolección en un proceso intuitivo. El objetivo de los frutales es la reproducción. Los frutos, que suelen contener semillas o carozos, atraen a los animales, incluidos los humanos, a llevarlos y dispersarlos por nuevas zonas. Cuando la fruta está madura y lista para este viaje, se desprende naturalmente del árbol.

Manzanas

A veces las frutas pueden parecer maduras, pero no las arranques todavía. El año pasado cometí el error de recoger manzanas Fuji en mi huerto por su tentador color. Al hacerlo, me perdí un sabor mucho más exquisito que podría haber experimentado si hubiera esperado sólo tres semanas más.

En muchos casos, las frutas que carecen del sabor requerido no han tenido la oportunidad de desarrollar toda su dulzura y la riqueza de su sabor. Algunas variedades de manzana, como las Ashmead's Kernel, necesitan aún más tiempo para madurar y alcanzar su máximo sabor con un almacenamiento adecuado.

Una prueba sencilla para comprobar si la fruta está madura es darle un ligero tirón. Las manzanas se desprenderán de sus ramas casi al instante.

Damascos

Los agricultores suelen recogerlos antes de que maduren para evitar magulladuras. Aunque los damascos siguen madurando un poco fuera del árbol, nunca alcanzan el mismo nivel de dulzor que en la rama. En comparación con otras frutas, los damascos suelen madurar todos al mismo tiempo, lo que crea un corto espacio de tiempo para cosecharlos. El color naranja dorado brillante indica que la fruta ha alcanzado su punto óptimo. Su tacto es suave y se puede comprobar si está listo presionando con el pulgar.

Higos

Son tan frágiles como los damascos; sin embargo, dejan de madurar una vez que son desprendidos de los árboles. No obtendrás el máximo sabor si recoges un higo demasiado pronto. Llenos de azúcar, los higos maduros doblan las ramas. Los tallos flácidos y caídos son señal de que la fruta que cuelga de sus puntas está lista para la cosecha. Los higos tienden a caerse solos de las ramas.

Busca ramas caídas y aprieta suavemente cada fruto. Si la fruta está blanda y se desprende fácilmente del tallo, está lista para la cosecha. Los higos tienden a saber mejor a medida que se degradan un poco. Incluso puedes dejar que se sequen en los árboles, dejando que se arruguen en el tallo o colocándolos en una rejilla de secado en algún lugar a salvo de insectos y animales.

Cerezas/Ciruelas/Duraznos/Nectarinas

En las frutas de carozo o hueso, la intensificación del color, el aroma y el tacto tierno suelen ser indicios de madurez. Sin embargo, dejar la fruta en los árboles durante demasiado tiempo puede dar lugar a la formación de zonas translúcidas en la pulpa conocidas como "corazón acuoso". Esto es causado por la acumulación de azúcares, normalmente debida a una ola de calor. Fíjate si hay alguno que otro fruto caído en la base de estos árboles. Es señal de que los frutos están listos para la recolección. Con la experiencia, se puede saber si una fruta de hueso o carozo está madura con sólo tocarla. Deja las frutas que se sientan firmes en el árbol. La pulpa de las frutas de hueso maduras también se pela con facilidad. Los duraznos y las nectarinas se vuelven muy aromáticos cuando están listos para la cosecha.

Peras

A diferencia de la mayoría de las frutas, las peras no alcanzan la mejor calidad si se dejan en los árboles para que maduren. Para obtener los mejores resultados, recógelas cuando estén crecidas, pero no maduras. Para recolectarlas, tira suavemente de la fruta hasta que se separe del tallo. Evita tirar de ella o retorcerla. Si no se rompe con facilidad, déjala en los árboles unos días más.

Las variedades de pera de verano, como la Bartlett, estarán listas para la cosecha a principios de agosto. Su color se aclara cuanto más tiempo permanecen unidas a los árboles. Recógelas de las ramas cuando empiecen a colorearse y guárdalas en un lugar fresco, preferiblemente por debajo de los 75°F (24°C). Un color amarillo vibrante indica una fruta más blanda y dulce. Dependiendo de lo que prefieras, cosecha una vez que las peras hayan alcanzado el color deseado. Conserva las Bartletts maduras en el refrigerador durante uno o dos días.

Las peras de invierno, como las Anjou, Bosc y Comice, suelen madurar en septiembre. Pueden requerir un almacenamiento refrigerado a menos de 40°F (4°C) durante un máximo de dos a seis semanas. La vida útil de las peras es mucho más corta que la de las manzanas y, como maduran desde adentro hacia afuera, es difícil evitar que se pudran hasta que es demasiado tarde. El mejor momento para comer una pera es cuando la pulpa exterior cede a una ligera presión.

Almacena tu cosecha

Algunas variedades de fruta son conocidas por su limitada vida de almacenamiento. Entre ellas se encuentran las manzanas y peras de cosecha temprana, así como la mayoría de las frutas de hueso o carozo. Estas frutas tienen la piel más fina y un mayor contenido de jugo y azúcar, lo que las hace propensas a estropearse si se dejan enteras a temperatura ambiente. Tienden a deteriorarse en una o dos semanas.

Para prolongar la frescura de estas frutas sin procesarlas, la mejor opción es guardarlas en el cajón de las verduras de tu refrigerador. A una temperatura aproximada de 4°C, puedes conservar incluso variedades tempranas de manzana como la Discovery durante tres o cuatro semanas antes de que se ablanden y se vuelvan arenosas.

Las manzanas de final de temporada y algunas peras de invierno, como la Glou Morceau, pueden conservarse como fruta entera siguiendo el método tradicional de envolverlas en papel de periódico y colocarlas en bandejas. Para que duren el mayor tiempo posible, puedes seguir algunos consejos. En primer lugar, guarda sólo la fruta perfecta. Las que tengan manchas en la piel o se hayan caído por el viento deben utilizarse rápidamente y guardarse separadas de las que no tengan manchas para evitar la propagación de moho y podredumbre parda. Elige un lugar de almacenamiento que sea fresco, seco y oscuro, siendo un garaje una opción ideal debido a la necesidad de temperaturas frescas constantes. Inspecciona regularmente la fruta y retira la que muestre signos de deterioro.

Una de las razones por las que las manzanas Bramley para cocinar son tan populares es debido a su larga vida útil. Pueden conservarse enteras hasta abril o mayo del año siguiente. Sin embargo, en los tiempos modernos, la congelación de la fruta se ha convertido en un método de conservación más rápido y sencillo.

Para cocinar las manzanas, basta con ponerlas en una olla al fuego con un poco de agua y azúcar, dejar que se enfríen en la olla y luego meterlas en bolsas de congelación, etiquetándolas antes de colocarlas en el congelador. Este método es más recomendable que el tradicional del periódico y la caja, ya que permite cultivar distintas variedades tempranas de gran sabor, pero de vida útil más corta.

Otro método eficaz es congelar rodajas finas. Esto funciona bien con las manzanas de postre, que, debido a su mayor contenido en azúcar, no se convierten en puré al cocerlas. Después de pelarlas, despepitarlas y cortarlas en rodajas finas, sumérgelas en un tazón con agua y jugo de limón para evitar que se doren. También puedes utilizar una mezcla de jugo de piña y jugo de limón, para añadir más sabor a las rodajas de manzana. Coloca las rodajas en una bandeja de horno forrada con papel pergamino y ponlas en la sección de congelación rápida de tu congelador. Al cabo de un par de horas, cuando las rodajas estén congeladas, pásalas a una bolsa de congelación, etiquétala y vuelve a meterla en el congelador.

Por supuesto, existen muchos otros métodos para conservar la cosecha, como el jugo, la mermelada, el enlatado y el secado. Sin olvidar la clásica técnica de macerar la fruta en alcohol. Así, cuando las tiendas se llenen de fruta que ha sido transportada de muy lejos, podrás disfrutar de los frutos de tu propio huerto.

Crea tu propia estantería para manzanas

Un método ingenioso para almacenar manzanas durante un tiempo considerablemente largo es guardarlas en una estantería para manzanas. Esta estructura alcanza una altura de metro y medio. Así podrás revisar fácilmente en el cajón superior y alcanzar hasta el fondo de cada estante. Cada cajón tiene capacidad para almacenar unas 40 manzanas grandes, incluidas esas Honey crisps que pesan medio kilo cada una. Con un total de diez cajones, son 200 libras de manzanas (90 kilos) o unas impresionantes 400 manzanas grandes (o incluso más si son más pequeñas). Esta cantidad es suficiente para mantener a mi familia de cuatro personas durante un frío invierno en Vermont.

Así es como puedes construir tu propia estantería de almacenamiento de manzanas:

- Comienza por construir los rieles laterales (guías para los cajones) utilizando madera dimensional estándar de 1x3 pulgadas (2,54x7.63 cm).
- Corta las piezas verticales de 5 pies (1.5 m) de las tablas de 1x3 y deberás tener 11 piezas de madera de 1x3 de 30 pulgadas (76cm) de largo antes de ensamblarlas.
- Ajusta la profundidad de la estantería según sea necesario, 30 pulgadas (76 cm) es bastante profundo.

- Asegúrate de que el espacio entre las guías de los cajones esté nivelado y espaciado uniformemente para facilitar el deslizamiento.
- Los cajones estarán revestidos con tablas de 1x2 (2.54x5.08 cm), y una tabla de 1x3 pulgadas extra funcionará bien como espaciador para los deslizadores de los cajones.
- Opcionalmente, añade dos soportes verticales más a cada lado para mayor estabilidad.
- Une los lados para formar una caja.
- Utiliza tablas de remate lateral superior e inferior de 30 pulgadas (76 cm) para el exterior.
- Añade piezas de revestimiento de 23 3/4 pulgadas (60.33 cm) en la parte delantera y trasera, solapando las tablas de remate laterales.
- Termina la parte superior con 10 listones superiores cortados a 23 3/4 pulgadas (60.33 cm), separados entre ellos 1/2 pulgada (1.27 cm).
- La caja para la estantería está lista, ahora construye los cajones.
- Empieza construyendo una caja con madera dimensional de 1x2 (2.54 x 5.08 cm), que servirá como soportes de los bordes de cada cajón.
- Los lados de los cajones miden 30 pulgadas (76 cm), y los frentes 19 pulgadas (48.26 cm).
- Taladra previamente los agujeros para evitar partir la madera y utiliza tornillos adecuados o una pistola de clavos para el montaje.
- Fija los listones del cajón a lo largo de la parte del fondo, desde adelante hacia atrás.
- Cada cajón necesitará 7 listones, separados por 1/2 pulgada (1.27 cm) para permitir el flujo de aire y evitar que las frutas se caigan.
- Repite el proceso para construir todos los cajones.

- Una vez hechos los cajones, retíralos para facilitar el traslado de la estantería.
- La estantería terminada es grande, pero la puede transportar una persona cuando está vacía.

Figura 28: Estantería de almacenamiento de manzanas.

Cuidados de invierno

Garantizar la seguridad de los sistemas radiculares de los árboles frutales durante el invierno es esencial para su cuidado durante esta temporada. El objetivo es salvaguardar las delicadas raíces alimentadoras del árbol, conocidas como pelos radiculares, frente a las temperaturas bajo cero. Estas finas raíces se encargan de absorber el agua y los nutrientes vitales del suelo. En condiciones de congelación, estas raíces pueden sufrir daños por el frío, lo que pone en peligro la capacidad del árbol para acceder a la humedad y los nutrientes necesarios y, en última instancia, provoca estrés en el árbol. En casos graves, un árbol afectado puede incluso morir.

Las medidas de protección incluyen aislar eficazmente el sistema radicular aplicando una capa de mantillo alrededor de la base del árbol. El mantillo actúa como un escudo protector contra el frío invernal y proporciona una defensa vital para las raíces. Existen varios materiales para el mantillo, como virutas de madera o paja, cada uno con sus ventajas e inconvenientes. Sin embargo, evita utilizar compost o estiércol descompuesto en otoño, ya que estos mantillos ricos en nutrientes pueden estimular el crecimiento del árbol y retrasar su reposo vegetativo.

Es necesario proteger el tronco de las quemaduras solares invernales para evitar los daños inducidos por la temperatura, especialmente en la parte suroeste del árbol, donde la exposición a la luz solar es mayor. Esta práctica se basa en la comprensión de los efectos de las fluctuaciones de temperatura en el árbol. Durante el día, el tronco del árbol se expande al absorber el calor generado por la luz solar. Sin embargo, el rápido enfriamiento nocturno hace que la corteza se contraiga rápidamente.

Cuando la corteza pierde flexibilidad debido a estos cambios de temperatura, pueden formarse grietas o fisuras, dejando al árbol vulnerable al frío y creando un punto de entrada para plagas y enfermedades. Este riesgo se agrava si hay nieve en el suelo, porque la nieve refleja y amplifica la luz solar, intensificando las fluctuaciones de temperatura y elevando el riesgo de quemaduras solares.

Durante el invierno, los árboles jóvenes y recién plantados también son susceptibles de sufrir daños por parte de la fauna. Los conejos y roedores, que disponen de pocas fuentes de alimento durante los meses de invierno, pueden encontrar la tierna corteza de los árboles frutales especialmente apetecible cuando el tiempo se vuelve frío.

Para proteger a tu árbol de las quemaduras del sol, aplica al tronco una capa protectora de una mezcla compuesta por un 50% de pintura de látex blanca (bastará incluso con restos de pintura doméstica) y un 50% de agua. Esta capa blanca actúa como barrera contra los daños del sol invernal. Como alternativa, puedes utilizar protectores de plástico blanco en espiral o envolver el tronco con papel de aluminio; ambos sirven también como eficaces elementos disuasorios contra los daños causados por conejos y roedores. Sin embargo, no olvides retirar estos protectores de plástico o el papel de aluminio a principios de primavera para evitar que las plagas se reproduzcan debajo.

Lo aprendido

Cuando tus árboles empiezan a producir fruta, es cuando empieza el verdadero trabajo. Recolectar los frutos en el momento adecuado es la clave para conseguir la mejor calidad. Los signos de maduración varían según las frutas. Algunas necesitan permanecer unidas al árbol para adquirir el mejor sabor, mientras que otras deben recogerse antes de que maduren. Una vez que la fruta está fuera de los árboles, es hora de almacenar el excedente. Las opciones de almacenamiento van desde la simple refrigeración a la creación de mermeladas, chutneys o conservas. La última etapa de la gestión del huerto consiste en cuidar los árboles durante el invierno. Cubrir los árboles con mantillo, utilizar protectores o pintar los troncos con látex blanco son algunas formas eficaces de minimizar los daños cuando descienden las temperaturas.

CONCLUSIÓN
La aventura nunca termina

Quiero transmitirte mi más sincero agradecimiento por embarcarte en este viaje del cultivo de árboles frutales conmigo. Tu dedicación y pasión por el cultivo de tu huerto son dignos de admiración, y agradezco haber formado parte de tu proceso de aprendizaje. Al llegar a las últimas páginas de este libro, quiero insistir en el valor de mantener una actitud curiosa y abierta ante tus proyectos de cultivo de frutales. Recuerda que tu huerto es un lienzo en constante evolución y que siempre hay algo más por descubrir. Tu viaje está lejos de terminar; es una exploración permanente del fascinante mundo de los frutales.

Te animo a que sigas experimentando, superando los límites y disfrutando del placer del descubrimiento. Explora nuevas variedades de frutas que despierten tu interés, experimenta con técnicas innovadoras y atrévete a pensar con originalidad. El cultivo de frutales no es sólo una ciencia; es un arte que se nutre de tu creatividad y de tu voluntad de asumir riesgos.

Para ayudarte en tu investigación, he recopilado una lista de valiosos recursos y referencias a los que puedes acudir en busca de orientación e inspiración. Te invito a conocer mis otros libros de esta serie: "Proyecto de permacultura práctica" y "Guía para principiantes de jardinería en contenedores". También puedes visitar mi sitio web: https://SmartMindPublishing.com/ donde encontrarás un montón de consejos útiles, así como mi cuaderno de ejercicios titulado "Mi planificador guiado de jardinería para el cultivo de árboles frutales" para ayudarte en tu aventura de la horticultura doméstica.

Para terminar, espero que lleves contigo el espíritu de curiosidad y experimentación cuando cuides de tu huerto. Tu dedicación al aprendizaje, tu amor por la naturaleza y tu disposición a aceptar tanto los éxitos como los fracasos, te conducirán sin duda a una cosecha abundante y a una conexión más profunda con tus árboles frutales.

Gracias por compartir este viaje conmigo, ¡y que tu huerto siga floreciendo y brindándote alegría en los años venideros!

Gracias por tu lectura

¡Por favor, deja tu opinión!

Te agradecería enormemente que valoraras mi libro o dejaras una reseña en **Amazon.**

Escanea este código QR con tu teléfono o visita el enlace www.sftg.sophiemckay.com para ir directamente a la página de reseñas del libro en Amazon.

Tu reseña no sólo me ayuda a crear mejores libros, sino que también ayuda a que más compañeros jardineros tengan éxito en su huerto y lleven alimentos sanos a la mesa de sus familias.

¡Muchas gracias!

Sophie

¿Qué leer a continuación?

Si te ha gustado este libro, ¡prueba también estos otros!

Explora los libros de Sophie para mantener tu jardín floreciente durante todo el año. Crea tu propio jardín sostenible de permacultura o profundiza en la jardinería en macetas con métodos comprobados de bricolaje para el compostaje, la siembra asociada, la recolección de semillas, la gestión del agua y el control de plagas.

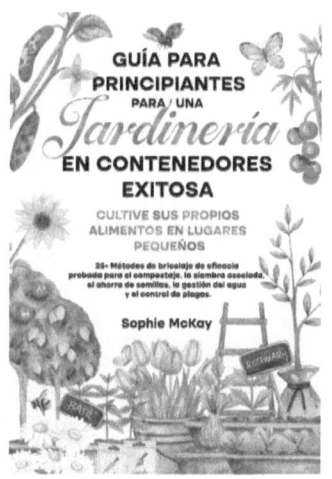

Mejora tu jardinería con los planificadores de jardines de Sophie:

Escanea este código QR con tu teléfono o utiliza el enlace para acceder directamente a la página del libro en Amazon,

o

visita la librería de la autora en www.smartmindpublishing.com

Bibliografía

Adding Fruit to Your Homestead. (s.f.). Stark Bros. Recuperado el 1º de julio de 2023

All About Tree Stakes. (s.f.). Stark Bros. Recuperado el 14 de julio de 2023,

Anderson, C. (23 de febrero de 2023). *Soaker Hose vs Drip Irrigation: Which Irrigation System Is Better?* Sweet New Earth. Recuperado el 21 de julio de 2023.

Anderson, C. (23 de febrero de 2023). *Soaker Hose vs Drip Irrigation: Which Irrigation System Is Better?* Sweet New Earth. Recuperado el 23 de julio de 2023.

Baker, N. (27 de febrero de 2023). *Our Guide to the USDA Gardening Zones—Plus, the Best Plants to Grow in Your Region.* Martha Stewart. Recuperado el 30 de junio de 2023.

BC Fruit Tree Production Guide. (s.f.). *Fruit Tree Nutrition.* BC Tree Fruit Production Guide. Recuperado el 26 de julio de 2023.

Benefits of a South Facing Garden & House. (19 de septiembre de 2017). Barratt Homes. Recuperado el 28 de junio de 2023.

Chilling requirement. (s.f.). Wikipedia. Recuperado el 30 de junio de 2023.

Choosing a Tree at a Tree Nursery | What is a Nursery Tree? (s.f.). Richard's Tree Service. Recuperado el 10 de julio de 2023.

Clark, J. (2007). *Light Brown Apple Moth in California.* UC IPM.

Climate Zones and Chill Hours. (s.f.). Tomorrow's Harvest by Burchell Nursery. Recuperado el 30 de junio de 2023.

da Silva, C. (s.f.). *The Importance of Soil Testing - Stark Bro's.* Stark Bros. Recuperado el 3 de julio de 2023.

Designing a fruit tree guild – Lakeside Community Garden. (s.f.). Lakeside Community Garden. Recuperado el 28 de septiembre de 2023.

Establishing a Home Orchard. (4 de febrero de 2015). Backyard Gardener.

Fruit Tree Nutrition. (s.f.). BC Tree Fruit Production Guide. Recuperado el 24 de julio de 2023, de https://www.bctfpg.ca/horticulture/fruit-tree-nutrition/

Gaines, M. (3 de mayo de 2023). *Fruit Trees 101: Pollination – FastGrowingTrees.com*. Fast Growing Trees. Recuperado el 29 de octubre de 2023.

George Silva. (8 de mayo de 2018). *What organic fertilizers mean to plants and soil*. Michigan State University.

Grant, A. (22 de marzo de 2023). *Beneficial Nematodes For Gardening - How Do Beneficial Nematodes Work*. Gardening Know How.

A Guide to Buying Fruit Trees - bare root or containerised? (s.f.). R.V.Roger Ltd. Recuperado el 12 de julio de 2023.

Harmon, D. (3 de julio de 2023). *What Is Inorganic Fertilizer?*HomeQuestionsAnswered. Recuperado el 26 de julio de 2023.

Harris, N. (2022, March). *Companion Planting*. WVU Extension.

How to stake a tree. (s.f.). Space for Life. Retrieved 15 de julio de 2023.

Kidd, E. (s.f.). *The Importance of Fruit Tree Pollination*. Stark Bro's. Recuperado el 27 de octubre de 2023.

Laritson, W. (31 de marzo de 2022). *How Much Sun Do Fruit Trees Need? | Naturehills.com*. Nature Hills Nursery. Recuperado el 27 de junio de 2023, de https://www.naturehills.com/blog/post/how-much-sun-do-fruit-trees-need

McDowell, S. (9 de diciembre de 2022). *The Simple Art of Grafting Fruit Trees: A Complete Guide*. Orchard People.

Microclimates: assessing your garden. (s.f.). RHS. Recuperado el 28 de junio de 2023.

Nature Hills. (29 de abril de 2020). *Fruit Tree Tips*. Nature Hills Nursery. Recuperado el 15 de octubre de 2023.

Perfect Plants. (21 de septiembre de 2021). *Pollination in Fruit Trees*. Perfect Plants. Recuperado el 27 de octubre de 2023.

Planning a Wholesale Orchard. (s.f.). Stark Bros. Recuperado el 2 de julio de 2023.

Planting Fruit Trees. (s.f.). The Old Farmer's Almanac. Recuperado el 13 de julio de 2023.

Ralph, A. (2015). *Grow a Little Fruit Tree: Simple Pruning Techniques for Small-Space, Easy-Harvest Fruit Trees.* Storey Publishing, LLC.

Ralph, A. (2015). *Grow a Little Fruit Tree: Simple Pruning Techniques for Small-Space, Easy-Harvest Fruit Trees.* Storey Publishing, LLC.

RHS. (s.f.). *Trees: growing in containers.* RHS. Recuperado el 27 de octubre de 2023.

Roger, R. V. (2020). *A Guide to Harvesting and Storing Fruit.* R.V.Roger Ltd. Recuperado el 6 de noviembre de 2023.

Seifrit, D. (9 de marzo de 2023). *Beginning Grower: Planning and Planting an Orchard.* Penn State Extension. Recuperado el 2 de julio de 2023.

Stark, A. (2018). *4 Benefits of Thinning Fruit Trees.* Stark Bro's. Recuperado el 4 de noviembre de 2023.

Stark, R. (2019). *Winter Protection for Fruit Trees.* Stark Bro's. Recuperado el 7 de noviembre de 2023.

Stark, T. (s.f.). *More Pollinators and More Nitrogen: Planting Clover Cover Crops in Your Orchard.* Stark Bro's. Recuperado el 28 de octubre de 2023.

Stark Bros. (s.f.). *Fertilizing Organic Fruit Trees.* Stark Bros. Recuperado el 25 de julio de 2023.

Stross, A. (15 de junio de 2023). *How to Build a Permaculture Fruit Tree Guild.* Tenth Acre Farm. Recuperado el 14 de octubre de 2023.

Urban Farmstead. (9 de mayo de 2021). *How to Plant, Prune, and Irrigate Fruit Trees EVERYTHING YOU NEED TO KNOW.* YouTube. Recuperado el 26 de junio de 2023.

Von Rosenberg, S. (14 de mayo de 2015). *Fruit Trees and Water.* UC ANR. Recuperado el 19 de julio de 2023.

Watson, T. (s.f.). *Optimize Your Fruit Trees' Soil for Optimal Health & Harvest!* Gardening Calendar. Recuperado el 3 de julio de 2023.

What Are Chill Hours and How Do You Count Them? Fruit Tree Care. (4 de febrero de 2023). Grow Organic. Recuperado el 30 de junio de 2023.

What is a Food Forest? (s.f.). Project Food Forest. Recuperado el 15 de octubre de 2023.

What is a rootstock? Its types & uses. (s.f.). Orchardly. Recuperado el 12 de julio de 2023.

Winger, J. (2 de noviembre de 2022). *Planning an Orchard for Your Homestead.* The Prairie Homestead. Recuperado el 26 de junio de 2023.

Winger, J. (20 de febrero de 2023). *What We Learned by Having Our Garden Soil Tested • The Prairie Homestead.* The Prairie Homestead. Recuperado el 26 de junio de 2023.

Woods, T. (15 de junio de 2014). *Restore those old fruit trees.* OSU Extension Service. Retrieved 7 de agosto de 2023.

Xerces Society. (2023). *Who Are the Pollinators?* Xerces Society. Recuperado el 29 de octubre de 2023.

www.ingramcontent.com/pod-product-compliance
Lightning Source LLC
Chambersburg PA
CBHW030300100526
44590CB00012B/466